Paul HAZARD

CHARGÉ DE COURS A LA FACULTÉ DES LETTRES
DE L'UNIVERSITÉ DE LYON

—

Giacomo Leopardi

—

PARIS

BLOUD & Cie, ÉDITEURS

7, PLACE St-SULPICE ; 1 ET 3, RUE FÉROU ; 6, RUE DU CANIVET

—

1913

Giacomo Leopardi

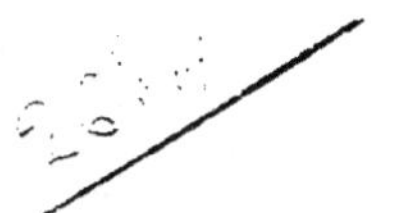

LES GRANDS ÉCRIVAINS ÉTRANGERS

Paul HAZARD

CHARGÉ DE COURS A LA FACULTÉ DES LETTRES
DE L'UNIVERSITÉ DE LYON

Giacomo Leopardi

PARIS

BLOUD & Cie, ÉDITEURS

7, PLACE St-SULPICE ; 1 ET 3, RUE FÉROU ; 6, RUE DU CANIVET

1913

INTRODUCTION

Nous possédons en France de bons travaux sur Leopardi. Mais ils sont en retard.

Nous n'avons pas encore profité, d'une part, des ouvrages remarquables que la critique italienne a multipliés au cours de ces dernières années.

D'autre part, nous n'avons guère utilisé, sauf pour des études de détail, sept volumes d'un Journal intime, publiés de 1898 à 1900 par les soins du Sénat de Rome (*Pensieri di varia filosofia e di bella letteratura* ou *Zibaldone*). Ce document précieux, auquel un volume d'écrits inédits est encore venu s'adjoindre en 1906 (*Scritti vari inediti*) est riche en nouveautés : il a prématurément vieilli nos biographies françaises.

En inaugurant dans la collection des Grands Ecrivains étrangers la série des auteurs italiens par Leopardi, j'ai cherché à m'éclairer de cette double lumière, celle de la critique récente et celle des textes ressuscités. Elle change un peu notre portrait traditionnel du poète philosophe. Elle nous montre, en même temps que ses négations superbes, ses recherches, ses incertitudes, ses doutes, quelquefois ses espoirs. Il est plus complexe et plus humain.

CHAPITRE PREMIER

L'ÉDUCATION ET LE MILIEU

Il faut insister sur ses jeunes années, parce qu'elles
sont remplies de merveilles, et qu'il fut un enfant prodigieux. Mais surtout, le sort voulut que son éducation
fût contraire au sens de sa nature, et pourtant qu'elle le
pénétrât jusqu'aux moelles. Lorsque l'homme, succé-
dant à l'adolescent, s'efforcera de rejeter ce qui n'est pas
lui-même, le duel entre les deux forces opposées com-
mencera ; et ce sera la crise de sa vie.

I

De sa première enfance, on conserve des souvenirs
qui ont plus qu'une valeur anecdotique, s'ils servent à
montrer son extraordinaire précocité. Né le 29 juin 1798,
il était l'aîné de la famille. Son frère Carlo, plus jeune
d'un an, sa sœur Paolina, furent ses compagnons naturels,
ses confidents, ses amis : quand les liens de l'amitié vien-

nent renforcer ceux du sang, c'est chose exquise. Le soir, à l'heure où les parents les croyaient endormis ; ou le matin, lorsque l'aube éveille les petits, Giacomo racontait à Paolina et à Carlo de belles histoires qui les tenaient bouche bée. Non pas des histoires vite finies, de celles que les auditeurs connaissent bientôt par cœur, et qu'ils redemandent pour le plaisir de retrouver leurs propres émotions ; mais des romans véritables, qui se poursuivaient d'un jour à l'autre, quelquefois pendant plusieurs semaines ; avec des intrigues suivies, et des caractères empruntés au réel. Le tyran Amostante, c'était Monaldo Leopardi, le père ; Lelio la tête dure, qui ne comprend jamais rien, et qui est toujours battu, c'était Carlo ; Filzero le beau parleur, orné de tous les mérites, chargé de toutes les gloires, c'était Giacomo.

A cette vive imagination s'ajoutait une sensibilité frémissante. Toute parole dure ou grossière le faisait souffrir ; il s'enfuyait, quand on grondait quelque domestique, ou qu'on donnait un ordre avec sévérité ; et pareillement, les propos vulgaires des valets, entendus par hasard, le mettaient hors de lui ; il avait de redoutables accès de colère, qui épouvantaient son entourage. La musique produisait sur lui une impression profonde ; elle agissait sur ses nerfs jusqu'à les troubler. Le premier soir où on le conduisit au théâtre, il s'évanouit.

Avec cela, rien d'un solitaire ou d'un rêveur ; il éprouvait le besoin, au contraire, d'agir et de commander ; il avait une idée très nette de sa supériorité, et ne perdait aucune occasion de la manifester. Si les enfants jouaient à la messe — Paolina étant promue pour la circonstance à la dignité de diacre — Giacomo officiait. S'ils jouaient à la bataille, Giacomo était le vainqueur. Il distribuait aux combattants les noms des héros grecs et romains, se réservant le rôle d'Achille ou d'Énée. Il ne consentait à être battu que dans un cas : lorsqu'il s'agissait de la guerre civile. César, même victorieux, lui faisait horreur, parce qu'il était le tyran. Il préférait être Pompée, et mourir pour la république. Quelquefois, ces luttes héroïques se terminaient par un triomphe. Giacomo, toujours Giacomo, montait sur la charrette qui servait à transporter les plantes du jardin ; frère et sœur, cousins et cousines, étaient les licteurs et les esclaves : Carlo, humilié, se vengeait en insultant le triomphateur. Mais celui-ci, beau de dédain et d'orgueil, l'appelait vil bouffon.

Il fut d'abord sous la férule de l'ancien précepteur de son père, don Giuseppe Torres : ceci n'est pas une formule, puisqu'une férule véritable rappelait à l'ordre les écoliers turbulents. Il reçut ensuite les leçons d'un abbé Sanchini, qui lui enseigna le latin, mais épuisa vite son savoir avec un tel élève ; à l'en croire, il n'eut plus besoin de maître à partir de l'âge de dix ans. Le fait est qu'à suivre le développement de son intelligence, on est pris d'admiration et presque d'épouvante.

Il a soigneusement gardé — et déjà l'on sent ici le futur homme de lettres, l'auteur qui attribue à tout ce qui sort de sa plume une valeur — ses premiers manuscrits ; et même, il en a dressé le catalogue, sous un titre où le moi s'étale : *Index des productions de moi, Giacomo Leopardi, à partir de 1809*. En 1809, donc, il écrit quantité de compositions italiennes de sujet varié ; notamment un Dis-

cours pour le Dimanche des Rameaux, et trois Oraisons
en l'honneur du glorieux apôtre saint Barthélemy. Puis
des sonnets : les uns d'inspiration classique comme *La
mort d'Hector*, *La tempéte de la flotte troyenne*, *Scipion
part de Rome* ; les autres d'inspiration pastorale ; celui-
ci pour une première messe ; celui-là sur des bouts rimés.
Puis des fables ; des vers « berneschi » *Contre la soupe* :
l'inspiration burlesque revient souvent dans ces poésies
du premier âge ; des vers « sciolti », pour célébrer *La
liberté romaine défendue du haut du Capitole;* des
« canzoni » et des « canzonette » ; un poème sur le
Paradis terrestre, et une manière d'épopée en trois chants
sur les *Rois mages*. Ainsi donc, il n'a pas encore onze
ans et il est capable de traiter tous les genres, et de
manier les mètres les plus difficiles et les plus variés.
N'oublions pas l'œuvre dont il était le plus fier : la traduction des deux premiers livres des Odes d'Horace ; il
note qu' « un peu plus du premier livre est rendu dans
le mètre même de l'auteur ».

Mêmes exercices pendant les années qui suivirent ;
même maîtrise de l'italien et du latin, de la prose et de
la poésie ; même attitude d'écrivain précoce : on peut
voir encore à Recanati des pages entières qu'il a
recopiées en imitant les caractères d'impression, pour se
donner l'illusion que son manuscrit était déjà un livre.
Chaque feuille est ornée d'un bel encadrement; et l'ins-
cription latine qui accompagne ces chefs-d'œuvre n'est
pas moins orgueilleuse que celle de tout à l'heure : Hæc
de meo ingenio primordia dicendi Jacobus Leopardi
exaravi : voilà les prémices de mon talent. Des odes, des

épigrammes ; un poème épique même, *Caton en Afrique*, qui contient des vers de tout genre et de toute mesure ; des dissertations morales ; des prières ; des résumés d'histoire ; des traductions : il est possédé d'une vraie fureur d'écrire. Il compose une poésie pour offrir celle qu'il vient de composer ; il en compose même pour s'excuser de n'avoir rien produit pendant un mois.

Il est heureux de faire parade de son savoir ; l'amour de la gloire, qui sera un des principes les plus constants de sa vie morale, apparaît déjà comme un des traits les plus marqués de son caractère. La gloire, pour le moment, ce sont les éloges des amis et des proches ; c'est la lettre de l'oncle de Rome à qui l'on a envoyé le poème des Rois Mages, et qui se déclare tout émerveillé ; ce sont les compliments reçus à l'occasion des académies qui se tiennent de temps à autre dans la maison des Leopardi. On y donne, en effet, des séances publiques. Giacomo lit ses œuvres ; on l'interroge sur les matières qu'il a étudiées ; il brille. Ou bien il examine lui-même ses cadets : en 1810, nous le voyons qui pose à Paolina des questions sur la syntaxe latine. Ou bien encore il rédige des compositions. Carlo a avoué plus tard que Giacomo se hâtait de traiter tous les sujets, de sorte que les autres n'avaient plus qu'à les recopier ; et que même il avait inventé un système de signes pour souffler les réponses. Nous avons le détail de la plus solennelle de ces réunions, qui eut lieu le 20 juillet 1812. On avait fait imprimer le programme des thèses que les deux frères auraient à soutenir contre tout venant, et des questions auxquelles ils auraient à répondre, aussi bien en latin qu'en italien. Il y

avait trente propositions de métaphysique, trente cas
de morale, trente problèmes de physique et de chimie,
trente définitions d'histoire naturelle, le tout suivant la meilleure méthode scolastique. Ils savaient tout ce qu'on pouvait savoir, et bien davantage, ces étranges petits docteurs.

Cependant Giacomo n'est pas satisfait. Malgré les compliments qu'il reçoit, il sent que quelque chose manque
à sa gloire : une tragédie. Sans tragédie, point de réputation littéraire achevée. Certes, il est fier de tant de
poésies qu'il a composées ; il vient encore d'écrire un
recueil d'épigrammes, originales ou traduites ; et il l'a
fait précéder d'une belle dissertation sur le genre et sur
son histoire : le mérite n'est pas mince. Mais quoi ? Dans
la hiérarchie des genres, celui qui tient la première place,
c'est la tragédie. Il le sait bien, puisqu'il l'a lu dans les
livres. Les lauriers des auteurs tragiques l'empêchent de
dormir.

La *Vertu indienne* le tente d'abord. Puis il l'abandonne
pour revenir à un sujet classique, *Pompée en Egypte*.
Matière admirable ! Cette fois, plus d'hésitation ni de
retard ; la pièce est écrite. Pompée battu à Pharsale par
César, et obligé de fuir devant lui, se réfugie chez le roi
d'Egypte Ptolémée. Celui-ci lui fait bon accueil, et met
à la disposition du vaincu son royaume et ses troupes.
Mais Théodote, confident de Ptolémée, et Achilla, confident de Théodote, forment le projet d'assassiner Pompée,
malgré la volonté de leur maître ; et ils l'assassinent,
en effet, dans la coulisse. Les gardes entraînent Pompée,
explique l'auteur ; on entend des bruits d'épée derrière
la toile. Arrive César ; mais au lieu de féliciter les trai-

tres, il se désole amèrement de ce que les destins contraires l'aient empêché de pardonner à son rival, comme c'était son intention. D'action, il n'y en a guère : la pièce est une suite de monologues et de dialogues de ton oratoire ou mélodramatique. Mais la formule classique est appliquée avec habileté ; les vers sont faciles ; un beau caractère est tracé, celui de Ptolémée, qui ne cède pas à l'intérêt, et reste fidèle à Pompée dans le malheur ; la tragédie n'est pas plus mauvaise, à tout prendre, que celles de beaucoup de contemporains, qui n'ont pas la jeunesse pour excuse. Lorsqu'il eut terminé ce chef-d'œuvre, Giacomo vint l'apporter à son père — qui lui-même avait commis le péché de tragédie — avec une belle lettre en français, langue du théâtre et langue des élégances :

Très cher Père,

Encouragé par votre exemple, je ai entrepris d'écrire une Tragedie. Elle est cet que je vous present. Je ne ai pas moins profité des votres œuvres que du vôtre exemple. En effet il paroit dans la première des vôtres Tragedies un Monarque des Indies occidentelles, et un Monarque des Indies orientelles paroît dans la mienne. Un Prince Roïal est le principal acteur du seconde entre les vôtres Tragedies, et un Prince Roïal soutient de le même la partie plus intéressant de la mienne. Une Trahison est particulierement l'objet de la troisième, et elle est pareillement le but de ma Tragedie. Si je sois bien ou mal reussi en ce genre de poesie, ceci est cet que vous devez juger. Contraire ou favorable que soit le jugement, je serais tousjours

Vôtre très humble fils,

JACQUES.

II

Le comte Monaldo, père de Giacomo Leopardi, est un original. Il s'est peint au naturel dans une Autobiographie pleine de saveur.

Il a dit comment il était resté orphelin de très bonne heure et comment il avait reçu une éducation déplorable ; sept ans passés à apprendre par cœur les règles de la grammaire latine ; trois ans à s'initier à la rhétorique : rien de plus. Maître de sa fortune, il se hâte de la dépenser par vanité. Il veut un train de maison qui impose à ses compatriotes ; il commande de belles cérémonies à l'Eglise pour qu'on mesure sa munificence au nombre des cierges qu'il a brûlés. On demande sa sœur en mariage ; mais le prétendant exige huit mille écus, et tout de suite : il les donne royalement ; il est obligé de les emprunter à des usuriers, et de faire de nouvelles dettes pour combler la première. L'histoire de son propre mariage vaut un poème. Il s'éprend d'une contessina Teresa, qui n'est pas insensible à sa flamme. Par timidité, par sottise, il déclare dans une compagnie qu'il ne l'aime pas ; et la demoiselle, vexée, le laisse pour compte. Sur ce, on imagine pour lui une union raisonnable avec une Bolonaise qui a toutes les qualités, sauf

la beauté et la jeunesse. Il prépare ses noces la mort
dans l'âme; d'autant plus que son futur beau-père ne
pourra lui donner, vu la dureté des temps, que la moitié
de la dot promise. En ces tristes conjonctures, sa seule
ressource est d'écrire à sa fiancée une lettre anonyme :
que Monaldo Leopardi se mariera par point d'honneur,
mais sans amour. On rompt l'affaire et on lui présente
sans vergogne la note des frais : pour le dommage causé
au trousseau de la jeune fille, à cause du changement de
mode, ci, 400 écus; pour une bonne supplémentaire,
engagée pendant le séjour du fiancé à Bologne, ci,
12 écus; pour un habit de voyage confectionné à la fiancée sur la demande du fiancé, ci, 65 écus. Ainsi de suite.
Tout compté, le mariage manqué lui coûta une petite
fortune : six mille écus. Enfin, il voit devant lui, à
l'église de Recanati, sa patrie, la jeune Adelaïde Antici;
il l'admire, il l'aime, il la demande, il l'obient en six jours.

Monaldo est l'homme le plus attaché du monde à toutes
les institutions du passé. Il se complait à constater, par
l'arbre généalogique qu'il fait dresser, l'ancienneté de sa
famille. Il aime jalousement sa ville : il lui semble qu'il
n'en est point de plus belle, ni de plus digne qu'on y
demeure toujours. Il ne craint aucune comparaison, fût-
ce avec Paris ou avec Rome; il n'y a que Macerata, la
cité voisine, qui le préoccupe et qui l'irrite, parce qu'elle
émet la prétention de rivaliser avec Recanati. Il professe
pour les nouveautés du siècle une horreur profonde; il
hait les écrivains impies qui prétendent parler au nom
de la raison; elle lui paraît fausse, absurde et pernicieuse. Il pratique la religion la plus formelle et la plus

cérémonieuse. Fidèle sujet du Pape, il considère toute doctrine de liberté politique comme une hérésie.

Or, c'est le moment où l'Italie donne au monde l'admirable exemple d'une nation qui renaît par sa propre volonté. La voix de ses littérateurs la réveille et l'excite ; Alfieri, avec une sorte de rage, compare la gloire de la Rome ancienne à son avilissement et dédie ses tragédies toutes brûlantes de patriotisme « au peuple italien futur ». Parini fait de la satire une leçon de moralité. D'autres, moins illustres, comme Andrea Rubbi ou Galeani Napione, combattent l'usage des langues étrangères, et préparent à leur façon, avant l'union des Etats, l'unité des esprits.

Alors éclate la Révolution française. Elle semble d'abord étouffer le sentiment national qui s'affirme : nos armées conquièrent tout le pays, imposant nos institutions, nos habitudes, et même notre langue. Mais elles apportent en même temps l'idée de liberté : et l'Italie s'en empare, pour la proclamer comme un droit. Tous doivent être libres, disent les Français ; donc, pensent les Italiens, l'Italie doit être libre. La force des principes nouveaux vient s'ajouter à celle de la tradition. Lorsqu'en 1799, les Français battus se retirent, le désir d'une nationalité indépendante se trouve fondé en raison.

Tout cela, Monaldo voudrait l'ignorer. Il n'a d'autre patrie que Recanati ; l'Italie ne l'intéresse pas. Il ne connaît la Révolution que par les pamphlets anti-révolutionnaires, et par les prêtres émigrés qu'il reçoit dans sa maison. Les Jacobins sont pour lui comme des diables. Lorsqu'ils poussent l'audace jusqu'à marcher contre les États romains, il fait chanter un triduum pour arrêter leurs progrès ; puis il offre au Pape un tribut de trois cents écus par an, aussi longtemps que durera la guerre ; il arme à ses frais son frère pour servir dans les milices. Les milices pontificales s'enfuient devant les envahisseurs ; et le 11 février 1797, les Français entrent à Recanati. Le 15 passe à travers la ville le général Bonaparte avec son escorte. « Je ne le vis pas ; et pourtant j'étais sur son passage dans le palais communal : mais je ne voulus pas me mettre à la fenêtre, parce que je jugeai qu'un honnête homme ne devait pas faire à cette canaille l'honneur de se lever pour le voir ».

Les réquisitions multipliées, voire une condamnation à mort à laquelle il n'échappa que par la fuite, ne le réconcilièrent pas avec les Républicains. La domination napoléonienne ne lui fut pas moins odieuse ; et il prit le parti de se retirer complètement des affaires publiques. Les bruits de la vie vinrent mourir aux murs de sa maison ; il se cantonna dans le culte du passé ; il devint la réaction faite homme. Il éleva ses fils pour des jours meilleurs ; dans la haine de la France ; dans l'horreur des nouveautés religieuses et politiques ; soustraits à toutes les influences extérieures ; prisonniers.

Ce n'est pas un homme inintelligent. Il aime les lettres : il compose, outre ses tragédies, nombre d'études d'histoire locale ; il gardera sa vie durant le goût d'écrire. Ce n'est pas un méchant homme ; il chérit ses fils, en dedans, et sans trop oser le montrer : on trouve dans sa correspondance plus d'un passage où la tendresse se trahit, en dépit des précautions qu'il prend pour sauve-

garder l'autorité et la majesté paternelles. Mais il appartient à la race très commune des hommes qui, n'étant ni
mauvais ni stupides, sont capables de faire beaucoup de
mal, et d'en laisser faire davantage. Car leurs vertus
demeurent inactives, tandis que leurs défauts agissent.
De tous ceux que possédait Monaldo, le plus excusable
en apparence, le plus dangereux en réalité, était la
confiance qu'il avait dans l'infaillibilité de sa raison. Elle
lui paraissait si admirable, qu'il s'attribuait naïvement le
droit à toutes les tyrannies : « Il me semble que le désir
d'imposer mon opinion n'est pas de l'orgueil, mais bien
plutôt amour du juste et du vrai ; j'ai toujours cherché de
bonne foi des gens qui me fussent supérieurs ; et j'ai
trouvé des personnes sages, des personnes savantes, des
personnes expérimentées ; mais des esprits parfaitement
conformés et exempts de toute tache, j'en ai trouvé fort
peu ; et d'ordinaire, à un moment donné, ma raison ou
peut-être mon amour-propre m'ont dit : Tu penses et tu
vois mieux qu'eux... J'ai cherché en moi même le point
faible de ma raison, et je ne l'ai pas trouvé..... »

A vrai dire, sa domination ne put s'exercer qu'en
second. Née dans une famille moins riche que celle de
Leopardi, Adelaïde Antici, sa femme, connaissait mieux
la valeur de l'argent. Elle demanda des comptes, quelque
temps après le mariage, et s'aperçut que la ruine mena-
çait. Monaldo, pour réparer les pertes que l'affaire de
Bologne lui avait causées, s'était lancé dans des spéculations au moins hasardeuses. Il avait acheté une quantité énorme de blé, escomptant la hausse : la baisse vint ;
il dut vendre son blé à vil prix. Ainsi vont les choses,

pensait-il : un faquin qui a deux écus de capital peut devenir millionnaire en pratiquant l'usure, tandis qu'un noble qui se mêle de commerce se perd à coup sûr. Il se lança dans une entreprise agricole : rien de plus facile que de cultiver un vaste territoire dans la campagne romaine, et d'en tirer de gros bénéfices. Malheureusement la fièvre tua les colons ; et ce fut une nouvelle source d'amertume et de dettes. Alors Adelaïde Antici prit le gouvernement de la maison. Elle força son mari à subir un conseil judiciaire, à remettre ses pouvoirs aux mains d'un administrateur, à abdiquer ; et elle régna.

Elle régna pour reconstituer la fortune des Leopardi ; ce fut sa tâche. Tous durent se plier à son autorité despotique. En apparence, même train de maison, pour ne pas donner prise aux médisances des voisins ; en réalité, l'économie la plus stricte fut la loi. Plus de dépenses ; plus de fêtes ; plus de distractions ; les plus légitimes lui parurent superflues. Son pouvoir accru, l'âpreté de l'épargne, la lutte entreprise pour désintéresser péniblement les créanciers, la fierté même de la victoire, accentuèrent les défauts naturels de son caractère : de vigilante, elle devint tracassière ; de sévère, rude. Sa physionomie même, passée la jeunesse, prit une expression dure et virile. A comparer son portrait à celui de Monaldo, c'est elle qui a l'air d'être l'homme.

La religion se mêla étrangement à son intérêt ; l'ascétisme favorisa son économie. Sa maison fut organisée comme un couvent. Les plaisirs coûteux et les plaisirs coupables ne firent plus qu'un pour elle ; les effusions lui parurent des dépenses. Cette mère n'aima point ses

enfants avec son cœur ni avec sa chair ; elle vit en eux d[
âmes qu'il fallait préparer à la vie future, sans les chéri[
Jamais un sourire, ni une caresse. L'un d'eux s'oubliait[
jusqu'à vouloir l'embrasser, elle se rejetait en arriè[
avec répulsion. Elle brûlait leurs lettres, si aux formul[
de politesse ils ajoutaient un mot plus tendre. C'est [
peine s'ils osaient lui demander des nouvelles de [
santé. Femme redoutable, contre laquelle s'élève [
triple témoignage de son mari, de sa fille, de son fils [
le témoignage de son mari, lorsque Monaldo, rappelar[
ses souvenirs, songe avec mélancolie qu'il l'a épousé [
contre le gré de ses parents, et que Dieu l'en a puni [
« Dieu », écrit-il, « dans l'amplitude de sa miséri[
corde ne pouvait m'accorder une compagne plus sage [
affectueuse et pieuse, que cette bonne épouse. Vingt-si[
années de mariage déjà écoulées n'ont pas démenti ur[
seul instant sa conduite irréprochable et admirée d[
tous ; et cette femme forte, appliquée uniquement aus[
devoirs et aux soins de son état, n'a jamais connu d'au[
tres volontés, d'autres plaisirs ou d'autres intérêts, que[
ceux de sa famille et de Dieu. Les obligations que je[
professe lui avoir sont innombrables, comme est illimitée[
l'affection que je ressens pour elle ; et son entrée dans[
ma famille a été une vraie bénédiction. Donc, aurais-je eu[
le bonheur de me soustraire à la main qui châtie visible-[
ment tous les fils qui offensent leurs parents, et se[
marient contre leur avis ? Non, non !..... Le naturel et le[
caractère de ma femme, et mon naturel et mon caractère,[
sont aussi différents que le ciel et la terre sont loin l'un[
de l'autre. Celui qui est marié connaît la valeur de cette[

circonstance ; et que celui qui ne l'est pas ne se soucie point d'en faire l'épreuve ».

(*Autobiografia*, p. 89).

Le témoignage de Paolina dans sa correspondance :

« Maman est une personne ultra rigoriste, un véritable excès de perfection chrétienne ; vous ne pouvez vous imaginer la dose de sévérité qu'elle met dans tous les détails de la vie domestique. C'est vraiment une femme excellente, et très exemplaire ; mais elle s'est fait des règles d'austérité absolument impraticables ; et elle s'est imposée à l'égard de ses fils des devoirs qui ne leur sont point du tout commodes... »

« On n'en peut plus, on n'en peut plus. Je voudrais que vous puissiez passer seulement un jour chez moi, pour voir comment on peut vivre sans vie, sans âme, sans corps. »

(*Lettere a Marianna ed Anna Brighenti*. 1887, p. 8 et 53).

Le témoignage de Giacomo, qui est tragique :

« J'ai connu intimement une mère de famille qui n'était pas du tout superstitieuse, mais très ferme et très exacte dans la foi chrétienne et dans les exercices de la religion. Non seulement elle n'avait pas pitié des parents qui perdaient leurs enfants en bas-âge, mais elle les enviait intimement et sincèrement, parce qu'ils s'étaient envolés au paradis sans danger, et avaient délivré leurs parents de l'embarras de les entretenir. Se trouvant plusieurs fois en danger de perdre ses propres enfants à cet âge-là, elle ne priait pas Dieu de les faire mourir, parce que la religion ne le permet pas ; mais elle jouissait au fond du cœur ; et voyant son mari pleurer ou s'affliger, elle se repliait sur elle-même et éprouvait un véritable et sensible dépit. Elle était très ponctuelle dans les devoirs qu'elle rendait à ces pauvres malades ; mais au fond de son âme, elle désirait que ces soins fussent inutiles ; et elle en vint à confesser que la seule crainte qu'elle éprouvait, en interrogeant ou en consultant le médecin, était d'apprendre qu'ils pouvaient aller ou qu'ils allaient mieux. En voyant chez les malades quelque signe de mort prochaine, elle ressentait une joie profonde, qu'elle s'efforçait seulement de dissimuler aux yeux de ceux qui la condamnaient ; et le jour de leur mort, s'il arrivait, était pour elle un jour de gaîté et d'agrément ; et elle ne pouvait comprendre pourquoi son mari était assez peu sage pour s'affliger. Elle considérait la beauté comme un véritable malheur ; et voyant ses fils laids ou difformes, elle en remerciait Dieu, non par héroïsme, mais de tout son cœur... »

(Zibaldone, I, 411).

Les enfants souffrent avant de comprendre : Giacomo souffrit. Son âme délicate vint se heurter à la volonté tenace, à l'intelligence étroite de l'inflexible Adelaïde Antici. Trouvant en son fils un rebelle inconscient, elle s'en prit à lui de préférence. Elle le dompta ; il se soumit. Il abdiqua sa personnalité naissante, jusqu'au jour où l'excès même de la domination préparera la révolte de la nature.

Nous sommes en 1812. Faute d'avoir un foyer, il

s'emprisonnera dans la bibliothèque. Sa seconde enfance
va commencer.

III

Cette bibliothèque est le chef-d'œuvre de Monaldo. La
passion des livres l'avait saisi tout jeune; quand il se
promenait avec son précepteur, il ne résistait pas à la
tentation d'entrer chez le libraire. Ayant un jour appris
qu'un vieux prêtre possédait une collection d'auteurs du
seizième siècle, il l'acquit tout entière, moyennant une
pension viagère; quitte à s'apercevoir bientôt qu'entre
tant de sottes affaires, celle-là n'était point habile. La
collection ne valait rien, et l'abbé vécut longtemps.
Plus tard, quantité de gens apeurés se débarrassèrent de
leurs bibliothèques comme de leurs autres biens pour
fuir devant les armées révolutionnaires : Monaldo
recueillit les livres, presque au prix du papier. Au
moment où les congrégations furent dissoutes par Napoléon, nouveaux enrichissements, troublés par quelques
scrupules de conscience; il ne goûta de satisfaction
complète qu'au moment où Pie VII sanctionna les ventes
opérées sous le gouvernement français. On estime à
seize mille le nombre des livres qu'il finit par réunir
ainsi. Il les disposa dans de belles salles, suivant leurs
affinités; au-dessus de la porte il écrivit : Filiis ami-
cis civibus Monaldus de Leopardis bibliothecam.
MDCCCXII. — On aimait les dédicaces et les inscrip-
tions dans cette famille. — Il se réfugia dans ces lieux
tranquilles où ses amis ne vinrent guère et où ses concitoyens ne vinrent pas, mais où Giacomo le suivit.

Plus de jeux maintenant. L'adolescent entre dans une période « d'études folles et désespérées. » Il veut savoir, savoir vite, savoir tout; faire entrer dans son esprit les trésors amassés qu'il voit autour de lui, et les faire fructifier. Il aborde en conquérant la science, avide, passionné, fiévreux. Lorsque Carlo s'éveille au milieu de la nuit, il voit son frère penché sur les livres, profitant de la dernière lueur de la lampe qui va s'éteindre pour apprendre quelque chose encore, apprendre toujours.

La veine poétique qui avait coulé pendant les premières années, si facile et déjà si pure, se tarit. La fantaisie de l'inspiration n'est guère compatible avec cette tension perpétuelle de la volonté. Un bon philologue étudie les vers, mais n'en fait pas. Giacomo Leopardi ne se donne pas à demi à ce qu'il aime; l'érudition le tient maintenant tout entier. Il exige de sa mémoire et de son intelligence toute l'activité dont elles sont capables; il les exploite sans merci.

Puisque personne ne pouvait lui enseigner le grec, il se mit à l'apprendre tout seul. Au bout de quatre mois, il était assez fort pour écrire une lettre en cette langue à son oncle de Rome; un peu plus tard, il traduisait les œuvres d'Esichius de Milet; puis il expliquait en latin le Commentaire de Porphyre sur la vie de Plotin; et de ce geste charmant que nous connaissons déjà, et où nous retrouvons une âme éprise de tendresse même dans son jeune orgueil, il offrit à son père son manuscrit, relié en parchemin. Mais ce qui tient encore davantage du paradoxe, c'est qu'il s'attaque en même temps à l'hébreu. Il apprend l'anglais, toujours sans maître; il perfec-

tionne son français par d'abondantes lectures; et il étudie l'espagnol.

Il faudrait avoir plus de compétence en de tels sujets
pour suivre le détail des œuvres énormes qu'il compose,
comme pour épancher le trop-plein de son esprit. Cette
Histoire de l'Astronomie, qu'il ébauche en 1812 et reprend
en 1813, suppose à elle seule un prodigieux effort. Il
s'agit de reprendre toutes les théories que les philosophes et les mathématiciens ont émises sur ce sujet, depuis
l'origine des civilisations; de faire sortir de l'oubli une
foule d'auteurs que non seulement le vulgaire ignore,
mais que les spécialistes même connaissent mal; de
pénétrer le sens des doctrines les plus arides, exprimées
quelquefois dans les langues les plus barbares; et
d'ordonner enfin l'amas de cette matière confuse, en un
exposé qui devienne accessible à tous. Le commentaire
latin de quatre rhéteurs grecs : Dion Chrysostome, Elius
Aristide, Cornelius Fronton, Hermogène; des Fragments des Pères grecs du second siècle; des Fragments
d'anciens écrivains grecs d'histoire ecclésiastique; un
Essai sur les erreurs populaires des anciens; un Commentaire latin de Sextus Julius Africanus : que de travaux ! Et quels travaux ! Giacomo les poursuit allégre-
ment. Il apprend que l'illustre Angelo Mai vient de
découvrir, à Milan, les œuvres de Fronton sur un
palimpseste : il brûle de les voir; il envie les Milanais
qui peuvent satisfaire tout de suite leur curiosité; il fait
venir le livre aussitôt qu'il paraît; il se hâte d'écrire un
Discours sur la vie de Fronton, avec la traduction des
textes nouvellement mis au jour. Mai publie des Frag-

ments de Denys d'Halicarnasse : Giacomo de les traduire encore.

Mais on dirait que la nature cherche à le rappeler
à la réalité. Elle veut se venger sur son corps, qu'il
oublie. Elle l'épuise par la fatigue. De l'enfant joyeux,
dont il fallait quelquefois réprimer la pétulance, elle fait
peu à peu un adolescent pâle, malingre et chétif. Elle
transforme en maladie l'effort exaspéré de ses nerfs. Elle
le condamne à une vie misérable, et telle, qu'il devait
se croire à tout moment près de la mort. Elle complique,
elle raffine son œuvre de déchéance par l'ironie. Elle le
rend bossu.

On a peine à concevoir que Monaldo, dont le devoir
eût été de veiller à la santé de son fils, ne soit pas inter-
venu à temps. Peut-être aurait-il pu le sauver par des
mesures opportunes [1] ; on voudrait le voir, en tout cas,
soucieux de le soigner, de le guérir. Il ne fit rien ; ce fut
Carlo Antici, celui même auquel Giacomo avait été si
heureux d'adresser son premier poème et sa première
lettre en grec, qui crut devoir lui présenter des remon-
trances. Permettez-moi, lui écrivait-il de Rome le
15 juillet 1813, de vous faire part de mes appréhensions
au sujet de la santé de votre fils. Ne savez-vous pas que
l'étude excessive use la vie, surtout quand on s'y livre à

---

[1] Quel était au juste ce mal ? On a étudié rétrospectivement ses
symptômes ; et on les a jugés « suffisants pour diagnostiquer avec
certitude une forme prononcée et grave de neurasthénie cérébro-
spinale ». On en a trouvé la source dans son hérédité, et on a
conclu que « la mélancolie et la philosophie léopardiennes ont une
origine exclusivement matérielle ». Ce n'est pas ici le lieu de
discuter une telle hypothèse ; malade ou non, nous devons
prendre Leopardi tel qu'il est.

l'époque de la formation ? Passe encore s'il donnait
quelque trêve à cette application qui le mine, en pratiquant les exercices physiques ! Mais quand je sais que
son profond labeur n'a d'autre distraction que les cérémonies sédentaires de l'Eglise, je tremble à l'idée que
vous avez un fils, et moi un neveu, qui possède une âme
forte dans un corps frêle. Rappelez-vous le proverbe :
Mieux vaut un chien vivant qu'un lion mort. En outre,
les progrès merveilleux qu'il fait dans toutes les sciences
nous conseillent de le placer dans un milieu digne de
lui; il faut qu'il trouve des maîtres capables de lui
fournir la nourriture intellectuelle que son esprit réclame.
Envoyez-le à Rome, maîtresse de tout savoir, reine du
monde ! Je le prendrai chez moi, et vous n'aurez même
pas à redouter la dépense.......

Monaldo répond que ces critiques sont justes, et que
ces conseils sont sages. Mais il aime trop son fils pour
consentir à se séparer de lui; il n'a pas le courage d'accomplir un tel sacrifice. Et puis, est-il vraiment nécessaire de quitter Recanati ? Qu'on laisse passer le temps,
qui peut-être fournira un jour les résolutions opportunes; et que Giacomo continue à vivre tranquille dans
le pays où la Providence l'a placé. L'oncle revient à la
charge; le père lui oppose un nouveau refus. Et le mal
est irréparable.

Malgré la disgrâce de son corps contrefait, et les signes
avant-coureurs des maladies qui vont se jeter sur lui
comme une proie trop facile, Giacomo Leopardi est heureux. Il ne se voit pas tel qu'il est, parce qu'il a les yeux
éblouis par la contemplation de la gloire. Il ne sent pas

les souffrances qui commencent à le tourmenter ; et s'il les sentait, il ne croirait pas payer trop cher, à leur prix, le bien inestimable qu'il est près d'atteindre. C'est l'époque qu'il considèrera plus tard comme la meilleure de son existence :

« La plus grande félicité que l'homme puisse atteindre en ce monde, c'est quand il vit tranquillement dans son état, avec une espérance ferme et certaine d'un avenir beaucoup meilleur..... Cet état divin, je l'ai éprouvé moi-même, à seize et à dix-sept ans, pendant quelques mois, par intervalles, me trouvant tranquillement occupé de mes études, sans rien qui me troublât, et avec l'espérance sûre et paisible d'un avenir plein de joie... »

(Zibaldone, I, 137).

IV

La paix dans le présent, et la certitude d'un brillant avenir : voilà donc ce qui fait son bonheur. Il a une vie réglée et des directions sûres ; on ne l'a pas seulement débarrassé des soucis de l'existence matérielle ; on a encore pris soin de lui fournir une réponse aux questions qui pourraient troubler sa pensée. Il ressemble à ces moines très pieux des ordres très savants qui se livrent doucement aux loisirs de l'esprit, en remettant à des autorités supérieures la conduite de leur existence. Ce bonheur n'est pas très actif, et comporte des accès de mélancolie. Mais la mélancolie même a ses charmes. Il est doux de se laisser aller à la rêverie, et d'abandonner son âme à une tristesse vague qui se dissipe lorsqu'on en

veut saisir la cause. Parfois, au contraire, et plus rarement, des accès de gaîté prennent Giacomo ; et comme
l'érudition a tout envahi chez lui, même la joie, il
s'épanche en des jeux savants. Il traduit du grec des
« plaisanteries épigrammatiques ». On ne dédaigne pas
non plus, dans les couvents, ces divertissements ingénus.

En politique, il suit tout naturellement les idées de son
père : que la liberté est pernicieuse ; qu'il faut obéir aux
institutions établies, sans chercher à les changer, parce
qu'elles sont d'ordre divin ; que les gens de bien doivent
les soutenir de tout leur pouvoir contre la foule vulgaire,
dans les temps difficiles que la Providence a suscités
pour servir d'épreuve. La haine des Français, des tyrans
venus un beau jour pour chasser le Pape de ses états et
s'installer à sa place, est devenue sienne. La preuve en
est dans ce *Discours aux Italiens* qu'il écrit en 1815, au
moment où Murat essaye de fonder l'unité sur les débris
de l'empire napoléonien. Il contient deux idées essentielles ; la première, que l'unité est une chimère dange-
reuse, et que le pays a tout intérêt à rester divisé en
petits états, dont chacun est gouverné par des princes
excellents ; la seconde, que les Français sont ambitieux,
vils, scélérats, traîtres, et dignes enfin d'être écrasés
sous la vengeance de l'Univers.

En religion, il suit l'exemple de sa mère. C'est peu
que d'aller ponctuellement à l'église, d'assister aux
offices, de servir la messe et de chanter aux vêpres : il
débite des sermons devant la Congrégation des nobles,
qui tient ses assises dans une chapelle de la cathédrale.
Suivant un usage italien, il a revêtu tout jeune l'habit de

prètre. Le vœu d'Adelaïde et de Monaldo est qu'il reçoive un jour les ordres. Qui sait s'il ne lui sera pas donné d'arriver aux plus hautes dignités ? Dans les songes qui le flattent apparaît peut-être la pourpre cardinalice ; l'Eglise a compté dans son sein des prélats pieux et érudits. Sa piété et son érudition se manifestent à la fois dans son *Essai sur les erreurs populaires des anciens* (1815), qui est à la religion ce que le discours contre Murat est à la politique. Il veut montrer que la raison sans la foi a été de tout temps maîtresse de fausseté, à la confusion des philosophes, ces hommes « ennemis de leurs devoirs, de la patrie, de l'état » ; « chargés des erreurs les plus grossières, et les plus contraires à la félicité du genre humain ». — « O très aimable religion ! », s'écrie-t-il avec éloquence en manière de conclusion,... « apparaissant dans la nuit de l'ignorance, tu as foudroyé l'erreur... Tu vivras toujours, et l'erreur ne vivra jamais avec toi. Quand celle-ci nous attaquera, quand nous couvrant les yeux de sa main ténébreuse elle menacera de nous précipiter dans les abîmes obscurs que l'ignorance ouvre devant nos pieds, nous nous tournerons vers toi, et nous trouverons la vérité sous ton manteau. L'erreur fuira comme le loup de la montagne chassé par le pasteur, et ta main nous conduira au salut. »

On a donc pourvu à tout dans son éducation. On n'a oublié qu'une chose, en vérité : sa propre nature. On n'a pas laissé d'ailes à cette imagination qui prenait spontanément essor. Cette sensibilité que nous avons vue si vive n'a plus eu occasion de s'exercer. Pourtant on n'a pas pu abolir ces facultés essentielles : c'est son être même qu'on aurait dû changer. Qu'elles sortent de leur somnolence ; qu'une occasion, qu'un prétexte les rappelle à l'activité : elles voudront se faire jour à travers les habitudes imposées ; et toute l'œuvre des parents s'en trouvera menacée.

Menacée, et bouleversée : mais non pas de façon qu'il n'en reste rien pour l'avenir. Car ce qu'il faut bien dire, c'est qu'elle a mis sur lui une empreinte profonde ; qu'elle a pénétré très avant, jusqu'à devenir, sur certains points, partie intégrante de sa conscience ; et que quelquefois même, elle s'est trouvée d'accord avec ses tendances intimes, et n'a fait que les renforcer. La nature de Leopardi ne répugne pas à tout ce qu'on lui a enseigné sans exception. En même temps, il y a des influences irréparables, des habitudes invétérées, des déformations acquises pour toujours. Il aura été tellement imbu de certaines croyances, qu'il ne s'en débarrassera jamais plus, quoi qu'il fasse. De là vient la complexité, de là viennent les contradictions de sa psychologie.

Il a appris à penser suivant des méthodes scolastiques : le mécanisme de son esprit s'en ressentira ; il gardera le goût de la discussion et subtile, le besoin de poser d'abord une définition pour en extraire les concepts. et même une certaine habileté casuistique dans la conduite de ses démonstrations. — Son instruction a été presque exclusivement livresque : ne craignons pas de dire qu'il y aura toujours quelque chose de livresque en lui ; non point dans son art ; mais dans l'importance que sa pensée attachera au texte imprimé, jusqu'à prendre pour matière commune de ses réflexions, plutôt que la réalité, les auteurs. — Il a été élevé dans le culte de tous les classicismes, aussi bien le pseudo-classicisme des théories littéraires, que le classicisme philologique ou érudit. Or le classicisme pénétrera sa poésie pour une part; et sa mentalité se trouvera façonnée de telle sorte, qu'il appellera classicisme encore tout le romantisme qui bouillonnera en lui.

Inversement, l'esprit critique naîtra en dépit des méthodes reçues, et contre elles; elles se trouveront impuissantes à étouffer cette passion de l'analyse qui se confond avec l'essence même de son esprit. « Croire une chose parce qu'on l'a entendue dire, et qu'on n'a pas pris la peine de l'examiner, fait tort à l'intelligence humaine ». Une telle phrase, qui se glisse inaperçue dans l'*Essai sur les erreurs populaires des anciens*, montre le commencement de l'obscur travail qui le portera du respect de l'autorité au besoin de la critique. Du fatras des connaissances acquises, il passera à la recherche des principes; il ne voudra plus tout savoir, mais savoir le pourquoi des choses, par lui-même. Ici, les souvenirs de son éducation ne seront plus qu'un poids mort dont il se débarrassera.

Du même coup il abandonnera les dogmes; et tout l'édifice religieux sous lequel il s'abritait, si solide en apparence, s'écroulera. Pourtant, de sa conception chrétienne des lois du monde, quelques débris demeureront debout. Lorsqu'il aura renoncé, plus tard, à l'idée de Dieu, il n'aura pas renoncé du même coup à l'idée de Providence. L'idée de Providence une fois abandonnée, il s'attachera longtemps encore à l'idée d'une finalité.

Même en professant les doctrines les plus avancées, il gardera des traces de spiritualisme, dont il pourra bien ruiner les doctrines, mais non pas détruire le sentiment.

Son éducation a été surtout latine. Il a fait revivre les jours glorieux de la République non pas seulement dans ses dissertations et dans ses vers, mais dans ses jeux. Romain de cœur, il ne tardera pas à vouloir ressusciter la grande Rome : il faudra donc qu'il contredise les idées de son père, et celles qu'il vient de professer lui-même ; qu'il se mêle au mouvement qui entraîne l'Italie vers l'unité. Le lien de succession entre la civilisation latine et la civilisation italienne, qui a permis à celle-ci de renaître, a été tout de suite sensible à l'enfant. Le sens de son éducation, dans ce cas, l'a conduit à des volontés contraires à celle de ses éducateurs.

La familiarité avec l'histoire et la littérature romaines a d'autres effets encore, qui ne sont pas moins importants. Elle alimente ce désir de dominer, cet orgueil primitif, cet amour de la gloire, dont nous avons signalé la présence dans le caractère de Giacomo. En outre, elle lui montre l'exemple d'une vertu vigoureuse, qui se suffit à elle-même, malgré les hommes et malgré les dieux. Celui qui a pris le parti de Pompée contre César ; qui a exprimé sous mille formes, voire dans une tragédie écrite à treize ans, sa haine du tyran ; qui a aimé Caton et qui a admiré Brutus, n'oubliera pas qu'il y a une noblesse dans la résistance aux forces iniques du sort. Le sentiment de la grandeur du juste opprimé restera une partie positive de sa morale.

Tel nous apparaît, dans la richesse heurtée de sa

psychologie, et avec toutes les puissances qu'il porte désormais en lui-même, Giacomo Leopardi, aux approches de ces années 1816 et 1817 qui marquent dans son existence un moment décisif. Pour que la transformation commence et pour que le génie apparaisse, il faut une crise. La voici.

CHAPITRE II

LA CRISE

Lorsque le travail silencieux d'un esprit qui mûrit
touche à son terme, on voit une activité presque fiévreuse
se manifester ; les évènements extérieurs eux-mêmes
arrivent à point nommé, comme pour fournir à la poussée
intérieure l'occasion de se produire. Tout était prêt ;
tout aboutit.

I

Leopardi est supris de constater, en s'analysant, qu'il
redevient sensible à la beauté formelle ; c'est ce qu'il
appelle sa conversion littéraire. Eh quoi ! Il a pu négliger
Homère, Virgile, Dante ? Il a pu écrire, sans être choqué,
dans une langue pleine de lourdeurs, d'impropriétés, de
gallicismes ? Il s'est complu dans la société d'auteurs barbares ? Faute grave qu'il importe de réparer ! Il reprend
en main les grands classiques, se met à les traduire,
comme s'il voulait marquer sa dépendance. Il étudie la
langue italienne, travaille son style. « Voici que presque

sans m'en apercevoir, je me suis donné aux belles-lettres, qu'auparavant je méprisais... »

Il va sans dire que ces propos comportent quelque exagération. Dans ses travaux les plus pesants apparaissaient des indices d'un goût littéraire très sûr et très fin, au moins par endroits. Mais il reste très curieux de voir avec quel bonheur il retourne à l'art. Sa joie de retrouver le sens de la poésie, toute mêlée encore à l'habitude de l'érudition, se traduit par la composition d'un Hymne à Neptune, qu'il donne comme retrouvé dans un manuscrit ancien, et qu'en réalité il écrit lui-même, en vers grecs. Ce mélange, précisément, nous montre sa pensée en évolution ; tantôt ses préoccupations antérieures, et tantôt ses tendances nouvelles l'emportent ; on croit saisir l'effort qu'il fait pour se dégager. Il se dégage si bien, qu'il passe d'un défaut à un autre, de la négligence à l'affectation. Soucieux des mots plus que des idées, il tend au purisme et imite Cesari, le grand maître de l'école, qui se faisait fort d'exprimer toutes les inventions modernes dans la langue du quatorzième siècle. Sa grande faculté d'assimilation lui permet de rimer des sonnets qui sont un pastiche du vieux dialecte toscan : *Sonetti in persona di Ser Pecora* ; il n'a plus seulement le culte du vocabulaire pré-classique, il en a la superstition. Excès passager, du reste, et contraire au grand caractère de simplicité qui sera une des originalités de son art.

En même temps que sa conscience littéraire se transforme, sa vie morale se trouble. C'en est fait de la belle tranquillité dans laquelle il avait vécu. La mort est là, toute voisine ; il la voit ; elle va le prendre demain,

peut-être aujourd'hui ; à coup sûr dans un avenir très
rapproché. Cette crainte maladive s'empare de lui tout
entier, le travaille sans répit. Et comme il devient poète,
comme il se met à trouver dans ses sentiments personnels, même les plus intimes et les plus profonds,
matière à littérature, il exprime en vers cette anxiété.
L'idylle et le poème qu'il écrit en 1816 sont les premiers préludes, de ses chants.

L'idylle s'appelle *les Souvenirs* ; Leopardi ne se met pas
encore directement en scène ; il glisse sa tristesse sous
une fiction qu'il emprunte à Gessner : à Gessner, qui
n'avait pas encore cessé de faire les délices de l'Italie,
comme celles de toute l'Europe. Histoire d'un pauvre
paysan, qui a perdu son fils à la fleur de l'âge tandis qu'il
courait à la ville pour chercher des remèdes ; histoire naïve
et gauche et sombre ; tentative incertaine, essai qui n'aura
pas le droit, de par la volonté du poète, de prendre place
dans ses œuvres définitives.

La seconde œuvre subit l'influence de Monti, prince
des contemporains, qui vient de remettre à la mode les
visions dantesques. Pas plus que les *Souvenirs*, l'*Approche de la mort* ne sera jugée digne d'être soumise au
public ; Giacomo gardera dans ses brouillons cette
ébauche. La différence, c'est qu'il ne craint plus de parler
de lui-même. Dans une lande aride, après un orage qui a
bouleversé toute la nature, il voit apparaître un Ange, qui
lui montre le défilé des âmes coupables dont l'Amour,
l'Avarice, l'Erreur, la Guerre ont causé le perte. Puis la
scène change : l'Ange lui fait admirer le séjour des justes,
illuminé par la présence de la Vierge et du Christ. On

sent l'artifice, et le procédé lasse. Mais la pièce serait mauvaise tout entière, qu'elle ne laisserait pas d'avoir une importance capitale puisqu'elle marque l'avènement définitif de Leopardi au lyrisme. Or une partie au moins en est excellente, la dernière, celle où il oublie l'exemple d'un maître trop admiré pour parler en toute abondance de cœur. « ..... La flamme de la vie languit dans ma poitrine ; je vais, les lèvres muettes et le visage blême ; avant d'avoir vu vingt fois la neige couvrir mon toit, vingt fois les hirondelles faire leur nid, je suis condamné à la mort. Et je pleure sur la brièveté de mon destin. Je regardais l'avenir, et, souriant, j'attendais la renommée. Car la nature ne m'a pas donné un esprit misérable ; tout enfant que je suis, je connais mes forces ; j'ai des ailes sûres pour voler. Je suis poète ; je brûle, je frémis, je désire, je sens en moi l'ardeur de la poésie divine. Hélas ! mon nom mourra. Je mourrai comme si je n'étais jamais né ; et le monde ne saura même pas que j'étais dans le monde. Je mourrai sans laisser plus de traces qu'un souffle sur l'eau. O chères muses, ô douces études, adieu ! Et toi aussi, adieu, ô gloire ! C'est pour toi que j'ai travaillé et peiné : c'est toi seule que j'aurais recherchée au monde. Mais je ne t'ai pas possédée ; et je ne te posséderai pas... »

II

Cependant une occasion de la saisir se présentait : à cette même date de 1816, des communications s'établissent entre le monde extérieur et lui.

On sait l'effort qui fut accompli à Milan lors de la réaction autrichienne. Dans la capitale lombarde s'était réfugiée la pensée de l'Italie. Faute de pouvoir agir, on écrivait ; faute de parler politique, on discutait littérature. Avec l'appui du gouvernement qui aimait mieux canaliser et diriger ce mouvement irrésistible que de s'opposer inutilement à lui, on avait fondé une grande revue, la *Bibliothèque italienne*, qui devait concentrer, pour ainsi dire, le patriotisme littéraire de tous les écrivains et de tous les lecteurs. Des provinces les plus lointaines, les collaborateurs les plus illustres avaient promis leur concours : jamais on n'avait vu entreprise mieux conduite, ni qui fit concevoir de plus belles espérances. Un autre journal, le *Spectateur*, qui devait son nom et une partie de son contenu à la revue française de Malte-Brun, tenait les esprits au courant des nouveautés européennes. La Toscane était endormie, Rome morte ; la réaction sévissait à Naples ; à Milan renaissait l'espoir.

Monaldo était en relations avec un des premiers libraires de la place, appelé Stella, pour les besoins de sa bibliothèque. Il eut l'idée de profiter de ces rapports pour publier les œuvres de son fils, et envoya comme exemple quelques-uns de ses travaux, qui ne furent pas acceptés ; pas plus qu'un article envoyé spontanément par le jeune homme sur une édition des poètes classiques grecs traduits en italien ; pas plus qu'une lettre sur les idées que Mme de Staël, séjournant alors en Italie, venait d'exprimer dans la *Bibliothèque italienne* à propos des traductions. Mais au mois d'Août, Stella, qui faisait une tournée commerciale à travers les provinces, vint à Recanati ; et connaissant désormais Leopardi, il lui ouvrit l'accès du *Spectateur*.

Avec quelle émotion ne dut-il pas recevoir le numéro qui contenait son premier article ! Quel bonheur de se voir imprimé, de se savoir lu d'un bout à l'autre de l'Italie, et hors de l'Italie même ! Comme il est fier d'écrire ce mot : *Spectateur*, en face d'un nouveau catalogue qu'il dresse : œuvres déjà publiées, œuvres sous presse, œuvres à publier incessamment, à publier sous peu, à publier quand on voudra. Essai de traduction de l'Odyssée, *Spectateur*. Traduction des poésies de Moschus, avec un discours préliminaire, *Spectateur*. Traduction de la Batrachomyomachie, avec un discours préliminaire, *Spectateur*. Article sur le Psautier, version italienne, *Spectateur*. De la renommée d'Horace chez les anciens, *Spectateur*. La Tarte, poème traduit du latin, *Spectateur*. Toute cette science si péniblement acquise trouvait son emploi ; toutes ces réserves accumulées s'épanchaient au dehors ; ce grand désir d'être estimé et loué était enfin satisfait. Seulement, ce premier succès lui en faisait souhaiter d'autres ; et ce pas vers l'inconnu, loin de calmer le trouble et l'impatience de son esprit, l'accroissaient.

Aussi bien — tant il est vrai qu'en ces quelques mois, les faits décisifs se pressent ! — allait-il rencontrer le confident qui lui était nécessaire pour qu'il achevât de s'analyser lui-même. Il avait bien son frère Carlo, bonne âme, toujours disposé à l'écouter. Mais Carlo était un dédoublement de Giacomo, dont il subissait l'impérieuse influence. A Giacomo, il fallait, au contraire, une personne qui ne le connût pas, et devant laquelle il dût s'expliquer ; une sorte de confesseur, assez bienveillant pour ne pas l'effaroucher, assez large pour le comprendre, capable de le forcer à parler. Ce rôle, Giordani le joua.

Nous ne le connaissons guère en France; et les Italiens même ne lui accordent plus sans réserve la gloire dont il jouit vivant. Pourtant cette gloire fut immense. Il fut le maître des prosateurs, le dictateur littéraire de son époque; et il le fut, par un privilège singulier, sans qu'aucune œuvre importante vint jamais justifier sa réputation. Des essais, des articles de critique d'art, des discours, des panégyriques, rien de plus, sinon des esquisses et des ébauches qui ne virent pas le jour. Mais il possédait le secret de la forme belle, que tous pouvaient admirer, le vulgaire aussi bien que l'élite; il se tint en dehors des partis qui divisaient la république des lettres, pour prêcher la concorde dans l'amour de l'Italie; il montra, en vertu d'un très sûr instinct des nécessités contemporaines, que la patrie, créatrice et gardienne du beau, retrouverait ses droits à devenir politiquement nation, si elle retrouvait d'abord la suprématie de l'art. On lui en savait gré; et on lui assignait un rang parmi les plus illustres.

Aussi Giacomo, ayant fait imprimer la traduction du second livre de l'Enéide, qu'il jugeait être le meilleur de ses travaux, et voulant obtenir l'approbation des doctes, l'envoya-t-il à Angelo Mai, à Monti et à Giordani. Les deux premiers répondirent par des lettres aimables et banales; Giordani, par une lettre réservée et méfiante. Les expressions trop admiratives dont son correspondant inconnu s'était servi lui faisaient craindre quelque raillerie. Mais on lui apprit qu'il s'agissait d'un tout jeune homme, de noble famille, perdu dans une petite

ville des Marches, plein d'amour pour les lettres et déjà
très savant. Il lui écrivit une seconde fois, le 12 mars
1817, sur un ton d'affectueuse sympathie ; et Giacomo,
touché, lui ouvrit son cœur.

Les belles, les tristes lettres qu'il lui envoie ! Si sincères, malgré le ton littéraire qu'elles gardent, même
dans l'explosion de la passion ! Si amères et si touchantes !
Si pleines de cette tendresse offerte, que ceux qui l'entouraient ne voulaient pas recueillir ! Et, pour qui suit
les phases de la crise qu'il traverse, si curieuses ! — Je
ne l'éprouve plus, écrit-il, cette douce mélancolie, qui
était préférable à l'allégresse elle-même, et qui était si
propre à produire le beau. La mélancolie que je ressens
maintenant est « obstinée, noire, horrible, barbare ».
Celle d'autrefois était charmante comme le crépuscule ;
celle-ci est une nuit profonde et affreuse. — Le rebelle
apparaît ; et avec la force des sentiments longtemps contenus qui tout d'un coup débordent, il se répand en
plaintes et en reproches. Il abhorre Recanati, ville mau-
dite, dont les habitants sont d'une grossièreté barbare ;
ville ignorante, où il se sent seul de son espèce, plongé
dans une solitude intellectuelle tous les jours plus into-
lérable ; ville néfaste, dont l'air le rend malade, parce
qu'il est humide et malsain : même dans la maison paternelle que trouve-t-il ? Rien. Tout ce qu'il sait, il a dû
l'apprendre par lui-même, au risque d'avoir fait fausse
route. La bibliothèque dont son père est si fier manque
de tous les livres modernes ; et il faut des mois pour obtenir d'abord la permission de les acheter, pour les faire
venir ensuite. Ce qu'il voudrait, c'est la libre vie, les lar-

ges espaces, la connaissance du monde : présentement, il ne peut étendre la main sans rencontrer les murs de sa prison. Prison détestée, hors de laquelle il pressent le grand travail de l'Italie, si bien qu'il renonce expressément aux principes politiques qu'il avait jusque là suivis : « Ma patrie est l'Italie; et pour elle je brûle d'amour, remerciant le ciel de m'avoir fait Italien ».

Il n'a pas encore dit son dernier mot; il ne s'est pas encore livré jusqu'au fond de son être. Giordani, qui le devine, le presse d'achever sa confidence. Giacomo parle de sa « très malheureuse et horrible vie ». Pourquoi ? Quelles raisons un enfant de dix-neuf ans a-t-il de tenir un pareil langage ? Qu'il s'explique !

Il répond, le 8 août 1817, par un véritable examen de conscience. Son malheur, son *infelicità*, ne vient pas de quelque passion indigne de lui, ainsi qu'il arrive quelquefois aux jeunes gens. Sa haute vertu le préserve de ces chutes vulgaires. La cause n'en est pas non plus dans le peu de compte où on le tient; il commence à mépriser le mépris d'autrui. Ce qui explique sa mélancolie, d'abord, c'est son état de santé, qui lui interdit son seul plaisir, l'étude. Se lever tard — car, hélas ! il préfère maintenant le sommeil aux veilles et aux travaux; — se promener jusqu'à l'heure du déjeuner, sans ouvrir la bouche ; recommencer jusqu'à l'heure du dîner; à peine une heure, une demi-heure de lecture, qui ne lui est même pas possible tous les jours : voilà sa vie. A sa faiblesse, à son épuisement, à son infirmité se sont ajoutés des maux d'yeux qui le rendent presque aveugle. — Notons bien qu'il ne se plaint pas de sa souffrance en elle-même; la maladie lui est odieuse parce qu'elle le tient loin de ses livres et de ses manuscrits ; elle a fait de son corps le mauvais serviteur qui ne veut plus obéir.

Ce qui explique sa mélancolie, ensuite, c'est sa propre pensée. Il en est devenu « le martyr », parce qu'elle le torture sans répit ; elle le « brûle », elle le « consume ». Il est condamné par une fatalité interne à une activité dévorante ; semblable à une machine que rien ne pourrait arrêter, et qui s'userait en fonctionnant. Le seul remède serait le divertissement, qui le forcerait, suivant la force étymologique du terme, à tourner son attention vers d'autres objets, et le sauverait ainsi de lui-même. Mais dans la solitude où son genre de vie le condamne, point de divertissement possible. Maintenant que l'étude lui manque, qui avait au moins ce triste avantage de fixer sa pensée et de la tenir immobile, plus rien n'arrête le travail destructeur de son analyse. Si cette situation doit se prolonger, il mourra.

Ceci n'est pas encore le pessimisme, mais au contraire la crainte de la tristesse envahissante, qui ne se dissipe que par trêves, et qui revient plus menaçante après un intervalle de répit : alors il serait obligé de considérer comme un état permanent de son être ce qu'il attribue à des circonstances exceptionnelles, qui peuvent changer, qu'il voudrait voir changer tout de suite. C'est la confiance que « Dieu ayant fait tant de belles choses en ce monde, les hommes ayant fait tant de belles choses », il pourra se guérir le jour où il se mêlera à la vie. C'est le désir ardent de se sauver par les occupations qui semblent les plus naturelles aux jeunes gens, et qu'il considère comme les plus nobles et les plus vertueuses : par l'amour et par le patriotisme.

III

Il attendait l'amour impatiemment, lorsqu'il entra dans sa vie, le 11 Décembre 1817 ; déjà il avait ébauché avec des jeunes filles de Recanati, qui deviendront plus tard, sous le nom de Sylvie ou de Nérine, les figures idéales de sa poésie, des idylles « lointaines et prisonnières ». Il « commençait à sentir l'empire de la beauté » ; et il lui semblait qu'un sourire de femme tombant sur lui « était chose très étrange et merveilleusement douce et flatteuse ». Elle s'appelait Gertrude Cassi, et avait vingt-six ans : beauté vigoureuse ; à la Junon. Venue pour mettre sa fille en pension dans un couvent de Recanati, elle était descendue dans la famille Leopardi, dont elle était quelque peu parente. Le premier soir où il la vit, le Jeudi, elle ne lui déplut pas ; mais il n'eût guère occasion de lui parler, et sa pensée ne s'arrêta pas sur elle. Le Vendredi, il ne cessa pas de la regarder ; une fois le dîner fini, il espéra qu'il pourrait jouer aux cartes avec elle ; mais on l'appela pour faire une partie d'échecs, et il dut s'éloigner. Elle finit cependant par se rapprocher et par s'intéresser à la partie ; et dès lors, il fit tous ses efforts pour battre son adversaire ; il eut la joie de s'apercevoir, en lui expliquant la marche du jeu, qu'elle était intelligente. Le Samedi, il l'entretint plus longuement, et réussit à la faire rire par ses mots d'esprit ; et cependant il se sentait mécontent de lui-même, inquiet et malheu-

reux. Pendant toute la nuit, son image l'occupa. Le lendemain matin, ce fut le départ.

Cette brève passion, Giacomo voulut l'analyser en des
pages exquises, qui furent son *Diario d'amore*, son journal d'amour. Il faudrait les relire en entier : traduisons
au moins quelques passages, puisque personne encore
ne les a fait connaître aux lecteurs français :

« ..... En entendant passer des gens d'aussi bonne
heure, tout d'un coup j'eus conscience que les hôtes se
préparaient au départ ; et plein de patience et d'impatience, en entendant d'abord passer les chevaux, puis
arriver la voiture, puis des gens aller et venir, j'ai
attendu un bon moment, j'ai tendu l'oreille avec avidité,
croyant à tout instant que c'était la Dame qui descendait,
pour entendre sa voix une dernière fois ; et je l'ai entendue. Ce départ n'a pas su me déplaire, parce que je pré-
voyais que je passerais une journée lamentable si nos
hôtes avaient prolongé leur séjour. Et maintenant, je la
passe avec les sentiments que j'ai dits ; et il s'y joint une
petite douleur aiguë qui me prend chaque fois que je me
rappelle les jours passés — souvenir plus mélancolique
que je ne saurais dire — et qui me prend aussi quand le
retour des mêmes heures et des mêmes circonstances de
la vie me rappelle les heures et les circonstances de ces
jours-ci, voyant autour de moi un grand vide, et sentant
mon cœur se serrer amèrement. Et mon cœur très
tendre, tendrement et subitement s'ouvre ; mais il ne
s'ouvre, il ne s'ouvre que pour son objet.....

Si c'est l'amour, et je n'en sais rien, c'est la première
fois que je l'éprouve, à l'âge de faire quelques réflexions à

son sujet ; et me voici, à dix-neuf ans et demi, amoureux. Et je vois bien que l'amour doit être une chose
très amère ; et que malheureusement (je parle de l'amour
tendre et sentimental) j'en serai toujours l'esclave. Et
pourtant, cet amour actuel...., je suis bien certain que le
temps ne tardera pas à le guérir ; cela me cause-t-il du
plaisir ou du déplaisir ? Je n'en sais rien, quoique la
sagesse me conseille de m'en réjouir. Voulant donner
satisfaction à mon cœur, et ne sachant ni ne voulant
faire autre chose qu'écrire, et ne pouvant écrire autre
chose aujourd'hui, j'ai essayé des vers ; et les trouvant
rebelles, j'ai écrit ces lignes, avec l'intention, aussi,
d'observer minutieusement l'essence de ce sentiment, et
de pouvoir retrouver toujours avec exactitude l'impression de la première entrée véritable de cette passion
souveraine dans mon cœur.

Dimanche 14 Décembre 1817.

Hier, ayant passé la seconde nuit dans un sommeil
interrompu et délirant, les mêmes sentiments ont per-
sisté avec beaucoup plus d'intensité que je ne croyais,
et guère moins que la veille. Ces sentiments, j'avais commencé à les décrire en vers pendant la nuit, en veillant,
j'ai continué hier toute la journée, et j'ai terminé ce
matin, étant au lit. Hier soir et cette nuit, je n'ai pour
ainsi dire pas dormi ; je me suis aperçu que cette
image du visage qui avait été si vive dans les jours passés, allait peu à peu s'affaiblissant, à ma grande douleur, et malgré mes efforts intenses pour la rappeler ;
quand ce n'eût été que pour finir ces vers dont j'étais

très content, avant de sortir du vif de ma mélancolie. Avant de m'endormir, j'ai prévu, à mon grand déplaisir, que mon sommeil ne serait pas aussi troublé que les nuits passées ; c'est ce qui est arrivé ; et maintenant, tous ces sentiments sont très faibles : d'abord, à cause du pouvoir que le temps a toujours, surtout chez moi ; ensuite, parce que le fait de composer ces vers avec une très grande avidité, non seulement m'a réconcilié un peu avec la gloire, et a épuisé mon cœur ; mais encore à force de réveiller et de rappeler à tout instant ces passions et ces images, a enlevé de leur spontanéité et de leur force. Mais parce qu'ils vont m'abandonnant, le vide de mon cœur ne diminue pas ; tout au contraire, il augmente ; et je reste enclin à la mélancolie, ami du silence et de la méditation, éloigné des plaisirs qui tous me paraissent incomparablement plus vils que celui que j'ai perdu. En somme je cherche à retenir le plus que je peux des mouvements chers et douloureux de mon âme dans leur fuite ; grâce à eux, il me semble que mes pensées se sont plutôt agrandies, que mon âme s'est faite plus haute et plus noble qu'à l'ordinaire, et mon cœur plus ouvert aux passions.....

Mardi 16 Décembre 1817.

Hier, une fois délivré du poids de mes vers, ces sentiments ne me parurent ni aussi faibles ni aussi près de m'abandonner qu'il m'avait semblé le matin : surtout ce souvenir douloureux, souvent accompagné de ce mécontentement vague, de ce déplaisir, ou de ce doute de n'avoir pas joui suffisamment peut être, qui furent les premiers symptômes de ma maladie, et qui durent encore. Je ne sais comment ils passeront pour moi, à ceci près que par la force naturelle du temps ils ne sont pas aussi intenses qu'au début; mais ils ne sont pas non plus aussi affaiblis qu'on pourrait croire, et que je croyais moi-même qu'ils seraient. Hier soir, la mélancolie continue de trois jours, la tension fréquente et prolongée du cerveau, trois nuits sans sommeil, l'agitation, le fait que je mange moins que d'ordinaire, m'avaient affaibli et étourdi : néanmoins, j'étais et je suis encore content de cet état de mélancolie toujours égale, et de méditation, voyant que j'avais l'esprit plus haut, insoucieux des choses mondaines, des opinions et du mépris d'autrui, et le cœur plus sensible, plus attendri, plus poétique.....

Mercredi 17 Décembre 1817.

Hier, brusquement, pour avoir entendu parler de la Dame, ma mélancolie m'a repris, et j'ai eu des accès si forts, qu'il me semblait être revenu au commencement de la maladie. Les mêmes nausées quand j'entendais des paroles joyeuses, la même douleur, la même méditation profonde et continue, et presque la même folie, et la même angoisse... La vérité, c'est que pendant ces derniers jours, la mélancolie ne pouvant plus, à cause du temps qui s'écoule, persister avec la même chaleur et la même intensité qu'au début, elle s'est résolue en plusieurs accès, tantôt longs, tantôt courts, tantôt forts et tantôt faibles, et quelquefois si violents qu'ils le cèdent de peu aux premiers...

Ce matin, en m'éveillant de très bonne heure, au moment même de m'éveiller, entre le sommeil et la veille, spontanément m'est passé devant l'imagination le portrait désiré, vrai et vivant ; je me suis secoué tout de suite, j'ai ouvert les yeux tout grands, et je l'ai poursuivi en pensée ; et si je n'ai pas réussi tout à fait à le faire revenir en arrière, pourtant, dans cette fraîcheur d'esprit que donne le matin, j'ai suffisamment revu et observé l'expression du visage, les mouvements, les gestes, l'allure, j'ai entendu ses paroles et sa prononciation...

Maintenant, il s'en faut de peu que je ne persiste dans l'état des jours précédents ; il me semble que ma seule véritable distraction soit d'écrire ces lignes ; j'ai l'âme vide, ou plutôt pleine d'ennui, parce que je ne trouve rien qui me paraisse digne d'occuper mon esprit ni mon corps... ; et l'étude même (à laquelle cependant je retourne de temps à autre, mais sans volonté et pour quelques minutes) ne m'attire plus, et je la trouve incapable de remplir le vide de mon âme ; parce que le but de tant de peines, qui est la gloire, ne me paraît plus cette grande chose que je me figurais autrefois ; ou du moins j'en vois une autre plus grande ; et ainsi la gloire devenue un bien secondaire, ne me paraît plus valoir la peine de passer tous mes jours à la poursuivre... Je ne puis voir comment je reviendrai à mon ancien amour pour l'étude, parce qu'il me semble que même quand cette infirmité d'esprit sera passée, toujours me restera la pensée qu'il y a une chose plus délicieuse que l'étude, et j'en ai fait l'épreuve.

Vendredi 19 Décembre 1817.

Le temps a pris, avant-hier soir et hier toute la journée, un grand avantage sur ma passion, qui à présent tombe vraiment et s'atténue. Je répugnais moins à la lecture ; et même, entre la passion et l'amour de l'étude, il semblait que la première diminuant peu à peu de poids, la seconde commençait à faire pencher la balance...

De toute façon, je sens encore, et j'ai senti hier pendant toute la journée, l'empire de ce souvenir douloureux et mécontent, qui est le principe, qui est au cœur de mes mélancolies ; et il ne semble pas que pour le moment, ce souvenir me veuille abandonner, bien qu'il soit moins amer et moins vif, et se présente à mon esprit plus rarement, et y reste moins longtemps...

Dimanche 21 Décembre 1817.

Je me remets à l'étude, à cette différence près que j'essaye d'accommoder l'amour de l'étude avec la passion, en me proposant, comme cela, en l'air, d'écrire quelque chose où je puisse raisonner avec cette Dame, ou la faire parler ; je m'imagine que je pourrai peut-être, une fois devenu quelque chose de grand dans les lettres, me présenter à elle de manière à être accueilli avec plaisir et estime...

Je reprends donc le cours habituel de ma vie, parce que la passion sur son déclin est incapable de remplir ma journée ; et la passion languit par défaut d'aliment puisqu'elle a été comme étranglée au moment de sa naissance même par le départ de son objet... Pourtant ma passion,

bien qu'elle languisse comme une lampe à qui l'huile va
manquant, dure et durera peut-être longtemps encore,
en languissant toujours, en menaçant de s'éteindre, et,
de temps à autre, en jetant quelque étincelle, comme
dans les heures de plus de loisir et surtout de mélancolie ;
je crois que mon âme, pendant un long espace de temps,
sentira, outre ses autres maladies, cette petite plaie qui
n'est qu'à demi fermée. Et la passion, en s'en allant, lais-
sera un long sillon tracé dans mon cœur...

Du reste, je suis si loin d'avoir honte de ma passion,
que tout au contraire, depuis l'instant où elle est née, je
m'y suis toujours complu en moi-même, et je m'y com-
plais encore, me réjouissant d'éprouver une des passions
sans lesquelles on ne peut être grand ; d'être capable
de m'affliger vivement pour autre chose que pour les
misères de mon corps ; d'avoir vu clairement à l'épreuve
que mon cœur est extrêmement tendre et sensible ; et
peut-être même, un jour, me fera-t-il faire et écrire des
choses dont le souvenir pourra durer... »

A surprendre ainsi les secrets d'une âme si tendre et
si naïve, il semble que l'on commette une profanation.
Giacomo ne les avait pas écrites pour les autres, ces pages
toutes pleines de ses secrets amoureux. Il n'avait pas
songé à soigner son style, à éviter les répétitions, les
gaucheries, et cette raideur qui rappelle la manière des
simples et des primitifs. Ingénument, il notait ses impressions fugitives, et cherchait à fixer les ondes mobiles de
sa passion.

Car c'est bien une passion, et véhémente, et profonde,

si menus que nous paraissent les événements qui l'ont suscitée. Un cœur très noble et très inexpérimenté n'est pas exigeant ; une apparition, un regard, un sourire, un espoir plutôt qu'une certitude, un fantôme plutôt qu'une réalité, et le voilà satisfait. C'est de lui-même qu'il se nourrit : les sentiments qui attendaient dans l'ombre se lèvent tumultueux à ce premier appel. Gertrude Cassi s'en va, sans s'être aperçue du désir muet qu'elle a fait naître : mais la passion demeure et se prolonge en lointains effets.

Que de nuances nous révèle ce roman sans intrigue ! D'abord, Giacomo acquiert la conviction que dépourvue d'amour profond, la vie demeure incomplète, non seulement parce que l'amour fait connaître à l'homme les souffrances et les joies les plus intenses ; mais parce que seul, il donne à l'âme sa forme définitive et arrêtée. — Puis, la certitude que l'amour s'accompagne toujours d'un désir de devenir meilleur, d'accomplir des actions héroïques, de composer des œuvres belles et utiles ; qu'il est essentiellement *gentile*, suivant l'expression italienne qu'aucun de nos mots ne saurait traduire. Pétrarque l'a dit : Giacomo avait lu Pétrarque ; il avait lu Dante, et connaissait bien la *Vita nova* : on ne saurait lui faire de plus grand honneur que de le comparer aux maîtres de l'amour pur. Il ne les a pas imités, à proprement parler : mais sa nature s'étant trouvée d'accord avec la leur, il a volontiers rêvé le même rêve. — Ajoutons l'amour de l'amour, *amabam amare* : indépendamment de toute considération intellectuelle ou morale, Giacomo est heureux du sentiment nouveau qu'il éprouve.

Si quelque tristesse déjà vient s'y mêler, il est heureux
de sa tristesse même. — N'est-il pas curieux aussi de voir
l'homme de lettres qui apparaît, en pleine crise de passion ? Giacomo se dédouble : il y a en lui l'amoureux et le
critique ; tandis que le premier s'abandonne, le second
pense qu'il ne faut pas laisser perdre des effets psychologiques aussi précieux, et les recueille, avec l'espoir de
les utiliser pour l'avenir. Et pourtant, les préoccupations
du critique n'enlèvent rien à la candeur de l'amoureux.

Ainsi Adelaïde Antici peut bien tenir son fils loin des
plaisirs du monde qu'elle redoute ; la première femme
qui entre dans sa demeure, la première, sert inconsciemment au triomphe de la nature ; et voilà Giacomo semblable à tous les adolescents du monde, troublé par la
fièvre d'amour.

Ils entreront dans ses poésies définitives, cette fois,
les vers qu'il composa dans sa nuit d'insomnie et pendant
les jours qui suivirent. Non pas tous ; mais un fragment
au moins, et une pièce seront sauvés. Celle-ci compte. Il
l'a appelée *Le premier amour*, et il l'a insinuée parmi les
autres poésies, à la dixième place, quand elle devrait
occuper la première par ordre chronologique. Il y a fait
entrer, avec la sincérité la plus absolue, tous ses sentiments : le ravissement, quand il reconnaît l'amour
attendu ; le mécontentement de lui-même, et le trouble
en présence de l'objet aimé ; la douleur après son départ,
le dégoût de la vie et même de l'étude ; le regret de
n'avoir pas assez profité du plaisir de donner son cœur ;
et surtout, l'excitation aux nobles activités et aux productions supérieures de l'esprit.

Mais il est un détail qui n'a pas pris place dans ses vers, qu'il n'a pas voulu s'avouer à lui-même dans son journal, et qui serait perdu pour nous, si le fidèle Carlo ne nous l'avait rapporté. En allant conduire au couvent la fille de Gertrude Cassi, dans un couloir, Giacomo essaya de se casser la tête contre le mur.

Désormais l'expérience était faite. Laid, difforme, il était incapable d'arrêter les regards d'une femme. Mon aspect est misérable, écrivait-il alors à son confident Giordani ; mon corps est affreux. Non seulement la foule, mais l'élite, veut que la vertu n'aille pas sans quelque ornement extérieur ; ne la trouvant pas, elle s'attriste, et n'a pas le courage d'aimer l'homme vertueux qui n'a de beau que son âme. — L'amour, qui peut-être l'aurait sauvé du pessimisme, ne veut pas de lui.

IV

Lui sera-t-il permis, au moins, de se consoler par le patriotisme ?

Il fait un nouvel effort pour sortir de lui-même, se reprochant comme une lâcheté ses plaintes sur son propre sort, tandis que l'Italie tout entière souffre ; il jette sur le papier les idées qui lui viennent tumultueusement à l'esprit ; l'inspiration poétique le travaille et l'exalte : ainsi jaillissent d'une source commune, au mois de septembre 1818, deux pièces qui sont des chefs-d'œuvre : *A l'Italie*, et *Sur le monument de Dante qui se préparait à Florence*.

Le début de la première est saisissant :

O ma patrie ! Je vois les murailles, et les arcs de triomphe,
et les colonnes, et les statues, et, solitaires,
les tours de nos aïeux ;
mais je ne vois plus la gloire,
je ne vois plus le laurier et le fer dont étaient chargés
nos pères des vieux siècles. Maintenant, désarmée,
tu es là, le front nu, et nue la poitrine.
Hélas ! Que de blessures !
Quelle pâleur livide ! que de sang ! Dans quel état je te vois,
toi, la plus belle des reines ! Je demande au ciel
et au monde : dites moi, dites
qui l'a réduite à cet état ? Mais le pire de tout,
c'est qu'on a chargé de chaînes ses deux bras ;
et voici que les cheveux épars, et sans voile,
elle est assise par terre, négligée et désolée ;
voici qu'elle cache sa figure
entre ses genoux et pleure.
Pleure, car il y a bien de quoi pleurer, ô mon Italie,
toi qui étais née pour l'emporter sur les nations
dans le bonheur comme dans l'infortune.
Si tes yeux étaient deux fontaines d'eaux vives,
jamais les pleurs ne pourraient
suffire à tes calamités et à ta honte ;
car tu as été reine, et tu n'es plus qu'une pauvre esclave.
Qui donc pourrait parler ou écrire à ton sujet,
sans se rappeler ta splendeur passée,
et sans dire : Elle fut si grande : n'est-elle donc plus la même ?
Pourquoi ? Pourquoi ? Où est ta force antique,
où sont tes armes, et ta valeur, et ta constance ?
Qui t'a enlevé ton épée ?
Qui t'a trahie ? Quelles ruses, quel effort,
quelle violence inouïe
put te dépouiller du manteau et du diadème d'or ?
Comment es-tu tombée, et quand,
de si haut, si bas ?
Personne ne combat pour toi ? Tu n'es défendue
par aucun des tiens ? Des armes ! Des armes ! Seul,
je combattrai ; et je tomberai seul.
Exauce-moi, ô ciel ! et embrase
les cœurs italiens par mon sang.

Remarquons les derniers vers : c'est lui, le pauvre

infirme, qui va prendre les armes, et combattre seul contre les oppresseurs de l'Italie? Pourtant, on aurait tort de sourire, et de voir là un mouvement de rhétorique plutôt qu'un sentiment vrai. C'est son désir d'action qui se trahit ainsi ; il crie son besoin de dévouement. Il voudrait, à la lettre, offrir sa vie en sacrifice ; et l'ardeur de son souhait lui fait oublier sa condition.

Hélas ! continuent les beaux, les tristes vers ; les Italiens tués sur les champs de bataille, au cours des dernières guerres, obéissaient à un prince étranger, à Napoléon, qui les avait enrôlés de force dans son armée. Ils n'avaient même pas la joie, en mourant, d'être utiles à leur pays. Alors le poète détourne les yeux d'un spectacle qui le fait trop souffrir, et considère les temps antiques, les heureux temps où les citoyens défendaient leur ville et leur nation, et tombaient en héros ; il contemple le petit groupe des Grecs qui, aux Thermopyles, ont arrêté l'envahisseur. Et il donne la parole à Simonide bénissant les guerriers qui ont offert leur poitrine aux lances ennemies. Leur gloire est immortelle ; et leur tombe est devenue un autel. — Au lyrisme individuel succède ainsi le lyrisme antique, qui exprime les sentiments de la collectivité, et qui est comme la voix même de la patrie.

La seconde pièce est inspirée par Dante, comme la première par Rome. Dante n'avait pas encore de monument à Florence: loués soient ceux qui veulent réparer cette honte, et lui élever une statue digne de lui ! Que l'amour de l'Italie les encourage ! Car il est le grand symbole ; seul son souvenir et son culte peuvent ranimer

le patriotisme. Le monument importe moins à sa gloire,
plus dure que le marbre et plus solide que l'airain,
qu'aux Italiens oublieux de leur grandeur passée. Heureux fut-il, de n'avoir point vu tant de maux que la nation
a soufferts ; heureux de n'avoir pas vu les derniers et les
plus insultants, quand l'étranger barbare, lui enlevant de
force ses œuvres d'art, voulait lui enlever son génie. —
Puis Leopardi rappelle la retraite de Russie, et la
grande armée semant sur les routes de neige les cadavres
des Italiens. Resteront-ils sans vengeance ? Leurs fils
ne combattront-ils pas pour la liberté ? Le poète ne cessera
pas d'évoquer la gloire ancienne, héraut de l'avenir.

Ce qu'il est impossible de rendre c'est le mouvement
passionné qui emporte l'ensemble. On a noté, dans le
détail, une foule de rapprochements avec des textes con-
nus, qui sont peut-être des sources : une page de Foscolo ;
des vers de Dante et de Pétrarque ; de Filicaia et de
Testi ; des souvenirs des lamentations de Jérémie, de
telle tragédie d'Eschyle, des fragments de Simonide : et
bien d'autres encore. Leur abondance même prouve qu'à
chacun de ces textes, le poète a bien peu demandé. Les
réminiscences sont entraînées par la puissance majes-
tueuse du rythme, entraînées surtout par le flot des sentiments qui se succèdent, désespoir, colère, dédain,
amour, passion qui tantôt blâme et tantôt implore ; patriotisme avide d'agir.

Depuis le discours contre Murat, quel changement !
L'unité italienne qui était alors pour Leopardi une dan-
gereuse folie, est devenue un idéal. En moins de quatre
ans, l'évolution qui le conduit au patriotisme est

accomplie. Un seul élément du passé demeure, la haine du nom français. Elle a su distinguer ici, pour émouvoir davantage, les deux faits qui avaient le plus vivement choqué l'opinion italienne au moment de la conquête : l'enlèvement des œuvres d'art, et la campagne de Russie ; elle en a fait un des thèmes principaux des poèmes. Mais la tradition politique antérieure, le respect des institutions établies, le culte du gouvernement pontifical, Leopardi a rejeté tout cela. La cause profonde de la crise est en lui-même. Les circonstances qui l'expliquent, c'est l'agitation qui se fait sentir dans les Marches, où les sociétés secrètes recrutent de nombreux partisans ; à Ancône, qui se révolte en 1817 ; dans sa famille même, où l'on compte quelques « patriotes » ; c'est le désir diffus de l'unité, qui, plus loin qu'Ancône et que les Marches, partout, de Milan à Naples, commence à s'emparer des jeunes esprits ; c'est la lecture de la *Vie* d'Alfieri, qui excite dans un cœur préparé maintenant à la comprendre des transports d'enthousiasme ; et c'est encore la présence de Giordani.

Depuis longtemps, celui-ci avait fait espérer sa visite à Recanati. Le projet, sans cesse retardé, fut mis à exécution au mois de septembre 1818. L'hôte logea pendant cinq jours dans la maison des Leopardi ; il arriva même ce fait inouï, qu'on permit à Giacomo d'aller visiter avec lui Macerata. A vrai dire, Monaldo ne connaissait pas les idées de Giordani. Il l'admirait en tant qu'écrivain, sur la foi publique, sans jamais avoir pris la peine de lire ses écrits. S'il avait su qu'il avait affaire à un incrédule et à un libéral, il aurait sévèrement interdit cette intimité. Il s'en repentit bien dans la suite : et il rejeta sur l'étranger la cause de tous les maux. A l'en croire, Giordani aurait prêché à Giacomo, soumis, pieux, heureux au moment de son arrivée, la révolte contre les hommes et contre Dieu.

C'est exagérer son influence. En matière de philosophie, il ne dut exercer aucune pression sur l'âme de son ami. Ses lettres nous le montrent plein de tendresse et de sollicitude ; il est effrayé par les sursauts d'une sensibilité trop aiguë, qui des causes les plus futiles se fait un sujet d'inquiétude et de douleur : une expression trop froide, un retard, une lettre égarée à la poste : autant de blessures pour Giacomo, et Giordani les panse. Nous le voyons toujours qui s'efforce de lui être utile ; il voudrait réunir les meilleures de ses œuvres pour les publier en un volume ; il cherche un moyen de l'arracher à Recanati. Même il s'occupe du sort de Carlo et de Paolina. En matière de politique, il a peut-être agi davantage. Etant le vivant symbole du patriotisme littéraire, il dut encourager le jeune homme dans l'attitude qu'il avait prise de lui-même. Pour mesurer son influence, il faudrait savoir quelles furent au juste leurs conversations : nous l'ignorons. Tenons-nous en aux faits : il n'est pas sûr que Giordani ait inspiré ou suggéré la Canzone à l'Italie ; mais il est sûr qu'elle fut composée aussitôt après le départ de Giordani.

Leopardi lui envoya le manuscrit comme une surprise avec la prière de vouloir bien le faire imprimer : le meilleur marché possible ; car son père ne lui donnait pas d'argent, et ce n'était pas sans peine qu'il avait réuni en

cachette quelques écus. Lettre et manuscrit s'égarèrent
en route. Alors il prit la résolution de faire imprimer
son œuvre à Rome malgré les difficultés de la censure qui
finit par laisser passer. Lorsqu'il reçut enfin les exemplaires, ils fourmillaient de fautes. Il dut se résoudre à
les corriger lui-même, à la plume, mot par mot.

Le moment n'est pas sans quelque solennité. Ici encore
nous pouvons avoir cette illusion ou cette espérance que
si le succès répond à son attente il aura trouvé à la fois
un dérivatif à ses pensées, et un but à sa vie. La gloire
de devenir tout d'un coup le poète-patriote satisferait son
âme ; elle lui imposerait un devoir d'honneur auquel il ne
pourrait faillir. — Mais ici encore, nous devons enregistrer un échec.

Sans doute, Giordani exulte. Il déclare que l'Italie a
trouvé le grand poète dont elle avait besoin, et qu'elle
attendait. Leopardi, qui portait en lui-même toutes les
qualités nécessaires à l'écrivain parfait, vaste culture,
noblesse du sang, noblesse de l'âme, s'est, dit-il, définitivement révélé. Tous les amis auxquels il a donné les
poésies à lire sont dans l'admiration ; les gens de Plai-
sance — c'est la ville où il réside — ne tarissent pas
d'éloges. Mais de cette approbation-là, Giacomo était bien
sûr. Les autres ne vinrent pas. Monti, auquel il avait
dédié ses canzoni, répondit par une lettre froide. Les
journaux littéraires se turent. Point de gloire ; et même
point de bruit.

Giacomo se trouvait dans l'étrange situation d'un
auteur qui ne cherche pas à vendre les exemplaires de
son œuvre ; qui les offre à quiconque veut les lire ; et qui

ne trouve personne. A de rares exceptions près, ces pièces admirables restèrent sans succès. La postérité devait les venger ; car il semble que chacune d'elles traduise les principes directeurs de la conscience italienne, pendant toute la conquête de l'unité : la canzone *All' Italia*, la tradition de la révolte contre une domination injuste ; la canzone *Sopra il monumento di Dante*, l'idée qui soutient la révolte : celle d'une civilisation italienne supérieure, qui comme telle mérite de durer. De son vivant même, Leopardi devait jouir de la gloire de l'avoir compris et si noblement exprimé. Mais pour le moment, rien ne répond à son attente passionnée. Il lui semble que sa voix résonne dans le silence et que ce silence est sa condamnation.

Il est — c'est sa propre expression — comme un pauvre animal prisonnier, qui se heurte aux barreaux de sa cage. Il n'a plus que deux issues : ou bien le suicide ; ou bien une tentative désespérée pour s'enfuir. Peu lui importe ce qu'il deviendra une fois hors de Recanati, quand il devrait mendier son pain ; pas de scrupule sur le choix des moyens, « maintenant que ses anciennes illusions au sujet de sa valeur, et sur les espérances de la vie future, et sur le bien qu'il pouvait faire, et sur les entreprises qu'il pouvait tenter, et sur la gloire qu'il pouvait atteindre », se sont évanouies. Tandis que Carlo rêve de s'engager dans les milices piémontaises — le fait est significatif, puisque du Piémont viendront, avec la première organisation militaire, les premières tentatives pour l'unité — il partira secrètement, en trompant son père. Celui-ci n'apprendra la révolte que lorsqu'il sera trop tard pour la réprimer. Le jour où, cherchant son fils à la place accoutumée, dans la bibliothèque, il s'étonnera de ne plus le voir, il trouvera une lettre, qui lui expliquera les motifs de sa conduite. « Il possède, lui, Giacomo Leopardi, un talent que les meilleurs lettrés d'Italie ont reconnu. Et quand il a demandé à ses parents, non pas même les plaisirs, non pas même la liberté, naturels à son âge, mais seulement le droit de vivre en développant les facultés qu'il porte en lui, on a répondu par le mépris et l'ironie. On a voulu le sacrifier à une chose qu'il ne connaît pas, et qu'on appelle maison et famille. On n'a même pas eu pitié de sa santé ; et sachant que Recanati lui est funeste, on le force à rester à Recanati. La loi lui donne la disposition de lui-même ; il part. Il hait la prudence vile, qui paralyse, et qui rend les hommes semblables à des animaux, occupés seulement à la conservation d'une vie misérable. Puisque la carrière de tous les grands esprits commence par le désespoir, que la sienne commence ainsi. Il veut être malheureux plutôt que petit. Au reste, il demande pardon à son père de la peine qu'il lui cause ; et il espère au moins cette compassion qu'on ne refuse même pas aux malfaiteurs... »

Mais pour partir, il lui faut un passe-port. Le bruit des démarches de son fils finit par venir aux oreilles de Monaldo, qui s'informe et qui apprend tout. Il demande que le passe-port lui soit adressé personnellement ; et l'ayant reçu, il appelle Giacomo, le lui montre, feint d'être étonné d'une résolution que rien de sa part n'a motivée. Il lui déclare que d'ailleurs il est libre ; qu'il

laisse le passe-port dans un tiroir ouvert, où il peut le
prendre si bon lui semble. Giacomo, surpris par ce
coup, faible devant une affliction qui malgré tout est
sincère, renonce au départ.

C'en est fait; il ne lutte plus; tous ses efforts pour
chasser la douleur ou pour la tromper ont été vains;
l'amour et la liberté lui échappent; il ne lui reste plus
que sa propre misère. Il est marqué pour la souffrance;
ses frêles bonheurs ne seront plus que des trêves, au
cours de la vie.

CHAPITRE III

AU COURS DE LA VIE

I

Si on veut trouver l'image du désespoir, il faut lire la *Correspondance* de Leopardi, pendant les mois qui suivirent sa tentative de fuite. Obligé de cacher ses sentiments à son père, qu'il considère comme son bourreau, il s'épanche avec ses amis ; ses plaintes sont entrecoupées de cris de révolte. — A vingt-deux ans, il est moralement vieux, ou pour mieux dire décrépit, puisque le sentiment même et l'enthousiasme, qui étaient l'aliment de sa vie, se sont éloignés de lui pour toujours. Il est temps de mourir ; il est temps de céder à la fortune. — Personne de plus malheureux au monde ; de quel plaisir a-t-il joui ? Quelle espérance lui reste ? Qu'est-ce que la vertu ? — Les anciens auraient eu peur de lui, en le voyant ainsi maudit par le destin, et l'auraient cru le pire des scélérats. Peu s'en faut qu'il ne blasphème contre le ciel et contre la nature, qui semblent l'avoir mis sur cette terre exprès pour le faire souffrir. Il doute de tout, et de l'amitié même. — La froideur et l'égoïsme des hommes, l'ambition, l'intérêt, la perfidie des femmes, qu'il définit un animal sans cœur, l'épouvantent. — La scélératesse des femmes lui fait horreur. S'il devenait riche et puissant, ce qui est impossible, parce qu'il n'a pas assez de vices, elles chercheraient à le prendre dans leurs filets. Mais dans sa condition actuelle, méprisé et honni de tous, elles lui refusent leurs flatteries. — Telles sont les expressions qu'on rencontre couramment dans ses lettres, pendant l'année 1820.

Peu à peu il essaye de se moquer de son infortune, et d'avoir toujours sur les lèvres « ce rire qui vient de l'indifférence, dernier refuge des malheureux qu'écrase la nécessité, quand ils ont perdu non pas le courage de la combattre, mais le dernier espoir de la vaincre, c'est-à-dire l'espoir de mourir. » — « Tous, tant que nous sommes, nous combattons les uns contre les autres, et nous combattrons jusqu'à notre dernier souffle, sans trêve, sans traité, sans quartier. Chacun est ennemi de chacun et ne doit compter que sur lui-même... Du reste, vaincu ou vainqueur, il ne faut jamais se fatiguer de combattre et de lutter et d'insulter et de fouler aux pieds quiconque vous cède, même pour un moment. Le monde est ainsi fait, et non tel qu'on nous le dépeignait, à nous, pauvres enfants. Je reste ici, en butte aux dérisions, aux crachats, aux coups de pied de tout le monde, passant toute ma vie dans une chambre, de façon que je ne puis m'empêcher de frissonner quand j'y pense. Et pourtant, je m'habitue à rire, et j'y réussis. Et personne ne triomphera de moi, jusqu'au moment où on pourra répandre mon corps à travers la campagne, et se divertir à faire voler ma cendre dans les airs... » (*Correspondance*, I, 18 et 22 juin 1821).

Son refuge est le travail : nous verrons que pendant ces tristes mois, malgré une santé toujours précaire, et des maux d'yeux qui arrêtent souvent son activité, il ébauche une foule de projets littéraires. Surtout, sa pensée s'évade de Recanati. Giordani poursuit des négociations pour lui trouver une place de professeur en Lombardie ; un des amis de Giordani, devenu le sien, Brighenti, travaille à lui obtenir une chaire à l'Université de Bologne ; une parente lui cherche un emploi à Rome : vainement. Tous échouent ; et Giacomo semble condamné à mourir dans sa prison.

C'est le moment que le destin choisit pour l'en tirer ; d'une façon si naturelle et si rapide, qu'on en est tout surpris. L'oncle Carlo Antici, dont la première intervention était restée sans effet, lorsque le mal de Giacomo n'était pas encore irréparable, vint à Recanati pour voir sa sœur et son beau-frère. Pris de pitié, il voulut arracher son neveu au milieu où il dépérissait ; et de haute lutte, il l'emmena vers Rome.

Ils partirent le 17 novembre 1822. Giacomo emportait ses manuscrits les plus précieux, laissant le reste à la garde du fidèle Carlo. La route qui s'ouvrait devant lui, à travers les collines, le conduisait à la vie. Les horizons familiers disparurent, et la variété des paysage fut le premier des changements que demandait son rêve. Il cessa d'apercevoir la mer ; il passa des rudes Apennins aux douceurs de l'Ombrie. Il s'assit aux tables des auberges, et connut les réveils étonnés dans les chambres d'une nuit. Il vit se succéder les villes, les villages et les bourgs ; il entendit des accents qui ne ressemblaient plus à ceux de sa province ; chaque tour de roue l'éloignait de son passé. Il sentait ses maux s'alléger ; la fatigue des longues heures de voiture, loin de l'épuiser, lui rendait des forces ; frileux, il oubliait le froid. Apparut enfin l'immensité morne de la campagne romaine. De tant de voyageurs qui, au cours des siècles, ont cherché à distinguer dans le lointain la coupole de Saint-Pierre, Leopardi fut sans doute le plus anxieux. Le point semble grandir ; on distingue le dôme et la croix ; c'est la Ville.

Flâner dans les rues, au milieu de la foule indolente que n'agitait pas la fièvre de notre vie moderne ; voir passer les abbés multicolores, les moines fiers de leur bure, les cardinaux dans leurs carrosses ; assister aux offices de l'Eglise, beaux comme des scènes d'opéra ; visiter les ateliers des artistes et les boutiques des brocanteurs ; le soir, se rendre dans quelque compagnie cosmopolite pour jouer ou pour médire : ce devait être une fête perpétuelle des yeux et de l'esprit. Rien ne ressemble davantage au bonheur, disait Stendhal, que cette existence exempte de tout souci, dans le décor magnifique de Rome.

Et puis, il y avait les raisons éternelles de son charme : ses ruines ; ses monuments ; ses innombrables églises, depuis la basilique austère jusqu'au Gesù tout brillant d'or ; ses places, où les marchés étalent leur pittoresque et où chantent ses jets d'eau ; son peuple de statues ; ses jardins ; ses horizons, où les arbres noirs, cyprès et pins-parasols, se dressent comme de sombres sentinelles ; et cette atmosphère de lumière et de douceur, qui augmente le goût de la vie en enlevant celui de l'effort.....

Ce charme, Leopardi ne le goûte pas. Cet amoureux de l'antiquité ne court pas au forum surgissant de la terre qui l'avait caché pendant des siècles ; à peine parle-t-il dans ses lettres de la Rome classique. La Rome moderne est grande : inconvénient notoire, à cause de la longueur des courses. La majesté des palais ne le frappe qu'à cause des interminables escaliers qu'il doit monter, quand il fait la moindre visite. Toutes les femmes lui semblent laides, et, qui pis est, sottes. Les hommes sont d'une stupidité rare ; rien de sérieux ne les intéresse ; seuls, les menus incidents de la vie ecclésiastique, comme la question de savoir si un prélat a bien ou mal chanté la messe, occupent leurs conversations. La littérature est dans un état lamentable ; ou, pour mieux dire, elle n'existe pas ; les poètes et même les poètesses de profession ignorent tout ce qui est sentiment et passion. Quant aux idées, elles sont tenues pour dangereuses ; on ne méprise pas seulement la philosophie, on la craint. Tandis qu'on méconnaît les noms les plus sacrés de la littérature italienne, on exalte une catégorie de savants, une seule : les archéologues. Ceux-ci sont considérés comme des demi-dieux. A son père, qui ne se console pas de l'avoir laissé partir ; à Carlo, qui ronge son frein ; à Paolina, dont la tendresse délicate multiplie les témoignages d'affection, Giacomo raconte ainsi son désenchantement. Même la maison de son oncle est l'image du désordre ; tout le monde y veut commander ; il n'y a d'heure fixe pour rien, spécialement pour les repas. Il a des engelures ; il est malade ; il est triste.

Ne le croyons pas trop. Voyons dans cette maussaderie un mélange de sentiments très divers : un peu de la désillusion commune à ceux qui ont trop longtemps attendu la réalisation de leurs désirs ; la crainte d'étaler une satisfaction qui paraîtrait indécente à sa famille ; un entêtement de provincial qui ne veut pas s'avouer séduit du premier coup ; et surtout ce trait particulier de sa psychologie, qu'il reprochait à un séjour nouveau d'être nouveau, et de n'avoir pas à lui présenter de souvenirs de sa propre vie. Quand il pouvait dire : j'ai passé par cette rue il y a tant de mois ; j'ai vu cette maison, il y a tant de jours, il se sentait acclimaté. Les longues années de Recanati l'avaient habitué à faire partie d'un décor immuable : il était mal à l'aise aussi longtemps qu'il n'avait pas identifié un décor différent, et qu'il ne s'était pas attaché à lui par une sorte de captivité volontaire.

En fait, il est moins malheureux qu'il veut bien le dire. L'érudition est à la mode ? Il publie des articles d'érudition dans les *Ephémérides littéraires* de Rome ; ce qui lui vaut tout de suite une notoriété. Angelo Mai le traite avec distinction et l'invite à dîner. Dîner chez un cardinal, voilà qui n'est pas méprisable ! Giacomo est très flatté. Il fait la connaissance de Niebuhr, alors ministre de Prusse auprès du Saint-Siège ; et de son secrétaire,

Bunsen ; et de beaucoup de savants étrangers qui, l'appréciant, le font apprécier de ses compatriotes. Il se lie d'amitié avec un de ses cousins, Giuseppe Melchiorri ; et avec un jeune Belge, épris comme lui de science et de mélancolie, Jacopssen. Il a des distractions : le Corso, au temps du Carnaval ; les ballets, qui font sur lui une grande impression ; l'Opéra. Quoi qu'il en dise, il est encore très capable d'admirer et d'aimer. Il va visiter le tombeau du Tasse, et retrouve le don des larmes.

Si, dans le désenchantement dont il fait parade, le séjour de Recanati lui était devenu moins odieux, il n'eut pas fait tant d'efforts sans doute pour éviter de rentrer chez son père. Or, c'est sa grande préoccupation. Tour à tour il songe à entreprendre l'impression des œuvres de Platon pour un éditeur romain ; à voyager avec quelque étranger de marque ; à accepter une chaire dans une grande université d'Allemagne. L'idée la plus naturelle est de trouver un emploi dans les États pontificaux. Le ministre de Prusse parle de lui au cardinal secrétaire d'état, Consalvi ; et celui-ci demande si son protégé veut revêtir l'habit de cour, et débuter, du même coup, dans la voie des fonctions officielles et des honneurs. Leopardi réfléchit, et refuse ; pour faire fortune auprès du Pape, il faudrait entrer dans les ordres : il ne veut pas. Mais ne peut-on pas lui donner une charge civile plus modeste ? Après les démarches, les lettres, les humiliations qui sont de règle en de pareilles circonstances, il n'obtient rien. Ne recevant pas d'argent de chez lui, et ne pouvant vivre toujours aux dépens de son oncle, il est obligé, la mort dans l'âme, de regagner Recanati.

Le mirage s'est dissipé. Il a vu que le monde n'était pas tel qu'il se l'était figuré ; et qu'il n'était pas si facile de conquérir la gloire. S'il fait le bilan de ses productions, pendant les cinq mois de son séjour, il trouve, outre ses articles, le catalogue des manuscrits grecs de la bibliothèque Barberina, et un fragment de Libanius par lui découvert : maigre aubaine.

Mais de telles âmes ne se lassent pas si vite. Elles gardent le goût de l'épreuve ; la difficulté les aiguillonne ; elles recommencent ; et pour surmonter des obstacles plus grands qu'elles n'avaient supposé, déploient plus d'énergie. Giacomo Leopardi n'est pas un résigné quand il quitte Rome ; la grande joie de revoir son frère ne compense pas pour lui l'horreur de regagner sa ville et sa maison. Nous venons d'assister au premier acte seulement de la tragédie qui va nous le montrer s'élançant toujours vers le monde ; heureux de s'échapper ; cherchant de sûrs abris dans des affections nouvelles ; et, au moment où il se croit sauvé, obligé de rentrer à Recanati, victime de la nécessité sous sa forme la plus stupide et la plus implacable, le manque d'argent ; semblable à un prisonnier qui réussirait à s'évader par intervalles, et qui devrait lui-même regagner sa prison.

II

Il reste chez lui plus de deux ans, de mai 1823 à juillet 1825 ; son histoire est sans évènements. Il suffit de redire qu'il est plein de tristesse et de dégoût ; que son corps souffre comme son âme ; qu'il s'occupe à des travaux d'érudition, les *Annotations à l'Eusèbe* de Mai ; la

traduction de la satire de Simonide contre les femmes ;
celle des œuvres morales d'Isocrate ; d'autres encore ;
qu'il affirme sa philosophie dans les pages de son journal
intime, le *Zibaldone* ; et dans ses *Operette morali*, dont
nous verrons plus loin le contenu. Florence, sous le gouvernement paternel des grands-ducs, abrite un groupe
d'artistes et d'écrivains, qui sentent combien leur patrie
aurait besoin d'une éducation littéraire. Ils veulent réaliser ce que la *Bibliothèque italienne* devait être, et n'a
pas été ; ils fondent une revue demeurée célèbre, l'*Antologia*, sous la direction intellectuelle de Gino Capponi,
et grâce au concours de l'éditeur Vieusseux. Ce Suisse
installé en Italie, et devenu Italien de cœur, met sa science
des affaires au service du patriotisme, et fait de son
journal un admirable instrument de culture. Giordani,
passant à Florence, lie amitié avec Vieusseux ; et comme
il ne cesse pas de vanter son protégé Leopardi, Vieusseux
propose à celui-ci de passer périodiquement en revue,
dans l'*Antologia*, les nouveautés littéraires qui paraissent
dans les Etats pontificaux. Leopardi refuse, parce qu'à
Recanati, il ne sait même pas ce qui se passe à Rome ; et
aussi parce que la philosophie l'intéresse plus que les
belles lettres. Il ne profite donc pas, pour le moment, de
l'occasion qui lui est offerte ; mais il retrouvera bientôt
l'*Antologia* et Florence.

Comme précédemment, il se livre à des tentatives variées
pour trouver une place qui lui donne de quoi subsister,
dans quelque ville d'Italie que ce soit, loin de Recanati ;
comme précédemment, il échoue ; et de la même façon,
le salut lui vient au moment où il ne l'attend plus. L'édi-

teur milanais Stella, commerçant actif, voudrait publier
une traduction complète des œuvres de Cicéron. Grosse
affaire ; il faudrait pour la diriger un homme d'une haute
compétence. L'idée lui vient de s'adresser à son correspondant Leopardi, dont il a eu l'occasion d'apprécier la
science ; et celui-ci lui adresse, en effet, des indications
et des conseils. Mais il est difficile de s'entendre par
lettres ; Giacomo viendrait-il à Milan, afin de diriger personnellement l'entreprise ? — Sans doute, s'il n'y avait
un obstacle, toujours le même : c'est qu'on se refuse à
donner de l'argent à un fils qui veut quitter la maison
paternelle. Stella comprend ce que Leopardi n'ose pas
lui dire expressément, et déclare qu'il se chargera des
frais. C'est la délivrance. Pour se mettre en route, l'hé-
ritier des Leopardi est obligé d'emprunter une petite
somme, à l'insu des parents ; il n'a pas même de quoi
payer la voiture.

Plus de maux, aussitôt qu'il est en route. La chaleur
est torride, mais il n'en souffre pas. Il est tout joyeux à
l'idée de saluer à Bologne son ami Giordani, qui l'attend.
Nous pouvons nous le représenter, tel qu'il arriva dans
la ville, le soir du 15 juillet : c'est Brighenti qui le
dépeint. « Lundi soir, j'allai recevoir, avec Giordani,
Leopardi qui arrivait des Marches. Je me le figurais différent ; et quand je le vis descendre de la voiture avec une
espèce de bonnet en tricot, un habit à plis du temps de
Pie VI, maigre, les yeux embarbouillés, il me parut
impossible que ce fût là ce puits de science que Giordani prétend. Je lui fis beaucoup d'amabilités ; mais il
se montra revêche... »

Il ne devait pas l'être longtemps. C'est à Milan qu'il va ;
c'est à Milan, pour tout dire, qu'est son gagne-pain. Or,
c'est Bologne qui le séduit, qui le passionne, qui le retient.
Ici, plus d'acclimatation nécessaire. Tout de suite, il est
conquis. La bonne ville, où l'on rend justice au vrai
mérite ! Où l'on se fait plus d'amis en huit jours qu'à
Rome en cinq mois ! Où les lettrés abondent, disposés à
s'incliner devant les supériorités évidentes ! Où les
hommes sont des abeilles sans aiguillon ! Leopardi, bien
que Stella l'attende avec impatience, ne peut s'empêcher d'y demeurer d'abord neuf jours. Outre Giordani
et Brighenti, qui ne le quittent pas d'une semelle, et lui
procurent partout l'accueil le plus honorable, voire le
plus respectueux, il voit tous les jours le comte Carlo
Pepoli et le comte Antonio Papadopoli, hommes de cœur
et d'esprit, qui l'admirent. On l'introduit dans les bonnes
maisons de la ville ; il jouit, pour la première fois de sa
vie, des bienfaits de la gloire. Il part en promettant de
revenir.

Nous ne sommes pas surpris, dans ces conditions,
que Milan lui déplaise ; et que, dès le lendemain de son
arrivée, le 31 Juillet 1825, il écrive à son frère qu'il lui
paraît impossible d'y demeurer plus d'une semaine.
Détail curieux, il reproche à la capitale lombarde de ressembler à Paris, qu'il ne connaît pas : même atmosphère
de légèreté et d'artifice. « Milan au point de vue matériel
et au point de vue moral n'est qu'un jardin des Tuileries ».
Stella l'oblige amicalement à descendre chez lui, et prodigue les attentions : peine inutile ; Giacomo a la nostalgie de Bologne, il veut retourner à Bologne. Il est

entendu que lorsqu'il aura mis en train la traduction, et écrit les préfaces, l'une en latin et l'autre en italien, il sera libre de partir. Ainsi fut fait; le 29 septembre, il se retrouvait sous les portiques de Bologne.

L'idéal eut été d'y vivre à demeure : ainsi recommence la recherche, toujours vaine, d'un emploi. Cette fois, son attention s'est fixée sur la place de secrétaire de l'Académie des Beaux-Arts, la même que Giordani avait occupée avant 1815. Bunsen, qui a succédé à Niebuhr, se met en campagne : mais on lui répond qu'il est difficile de déposséder le secrétaire actuel, bien qu'il ne soit que suppléant; et on offre à Leopardi la chaire d'éloquence grecque et latine à l'Université de Rome. Le refus était certain d'avance, puisqu'il ne voulait pas quitter Bologne.

Bunsen recommence ses démarches : le cardinal secrétaire d'État écrit au cardinal de Bologne une lettre expresse : la nomination est désirée par plusieurs membres distingués du corps diplomatique; et même par le Saint Père, qui apprécie les mérites littéraires du postulant. L'affaire semble donc sûre; au point que Carlo écrit à son frère : « Mon cher secrétaire... » Mais le cardinal de Bologne répond qu'il va venir lui-même à Rome, afin de régler ce cas. Il fit, en effet, son rapport : s'étant informé de la conduite et du caractère de Leopardi, il était venu à connaître qu'en vérité, il était doué d'un talent exceptionnel, surtout en matière de littérature grecque et italienne; et aussi d'un esprit vraiment admirable et extraordinaire. Cependant il y avait des raisons de douter de la rectitude de ses maximes; car on savait qu'il était très lié avec des personnes connues par leur façon peu sage de penser ; et même il avait laissé transparaître, bien qu'avec beaucoup d'astuce, ses sentiments très favorables aux nouvelles opinions politiques dans des Odes italiennes qu'il avait fait imprimer. Dès lors, il n'était pas prudent de fixer Leopardi à Bologne, à une certaine distance du gouvernement qui pouvait le surveiller ; mais comme il était jeune encore, et capable de se remettre sur le bon chemin, s'il en avait dévié, il était opportun de l'employer à la Bibliothèque Vaticane, comme secrétaire, ou dans toute autre fonction qui lui permit de développer ses talents, et où l'on put, en même temps, observer et diriger sa conduite morale et politique. — Ce rapport, Leopardi l'ignora toujours ; il sut seulement qu'il ne devait plus compter que sur lui-même.

Son budget est facile à établir. Stella, pour ses travaux de librairie, lui donne dix écus par mois. Des leçons de latin à un riche Grec lui rapportent huit écus ; des leçons à son ami Papadopoli, quelques écus encore, bien que la rétribution ne soit pas fixe. Telles sont les ressources qui lui permettent de vivre misérablement dans une chambre meublée, craignant les dépenses, redoutant les évènements imprévus qui détruiraient un équilibre financier toujours instable.

On ne peut s'empêcher d'éprouver une tristesse rétrospective à le voir se livrer ainsi à des besognes secondaires. Certes, il n'avait qu'à se louer de ses relations avec Stella, qui lui ouvrait son journal, le *Nuovo Ricoglitore*, pour les articles d'érudition, et acceptait l'idée d'une collection d'œuvres morales d'écrivains grecs, de

sorte que les traductions depuis longtemps prêtes trouvaient tout d'un coup leur emploi ; qui publiait ses
œuvres, le *Martirio dei Santi Padri*, pastiche de la
langue préclassique habilement exécuté, auquel Cesari
lui-même se laissa prendre ; qui publiera surtout, en 1827,
les *Operette morali*. Même, quand les leçons vinrent à
manquer, Stella porta jusqu'à vingt écus par mois la rétribution de son employé.

Mais enfin, il était libraire et commerçant, et devait
songer surtout aux besoins des clients. Au moment où
Leopardi traduit le Manuel d'Epictète, il lui demande
une édition de Pétrarque : comment ne pas s'exécuter ?
Quand le Pétrarque est fini, il lui demande un abrégé
des écrits de Cinonius : besogne si ennuyeuse qu'ils en
abandonnèrent l'idée d'un commun accord. Alors Leopardi dut chercher une œuvre de bonne vente, qui plût à
Stella ; et il lui proposa une Anthologie de la prose italienne, qui fut acceptée en principe. N'est-ce pas une
nouvelle ironie du sort que pour vivre hors de Recanati,
il soit obligé d'étouffer son génie ? Il consume son activité, à l'âge où sa pensée atteint sa maturité et sa pleine
force, dans des travaux ingrats, sans plaisir et sans
gloire ; et il doit s'estimer heureux de les avoir trouvés.

Telle qu'elle est, sa vie à Bologne n'arrive pas à lui
déplaire. Son principal ennemi est le froid ; il souffrit,
pendant l'hiver de 1825-1826, de cruelles engelures, et
de maux d'intestins. Le feu, s'il en faisait, blessait ses
pauvres yeux toujours malades. Mais quand le printemps
revient, il trouve de la douceur à vivre. Car il continue à
jouir de sa gloire ; on l'invite à une séance solennelle de

l'Académie de Bologne, et il y lit des vers que toute l'aristocratie de la ville, y compris le cardinal légat, applaudit. Il visite les Romagnes, et partout on le reçoit avec honneur. « Merveille ! » écrit-il à Paolina ; « les Français parlent de moi à Sinigaglia. Sais-tu que je suis un grand homme, que mon voyage en Romagne a été un triomphe, qu'hommes et femmes se disputaient à qui me verrait ? » — Mieux encore que la gloire, il a l'illusion de l'amour.

Il fit la connaissance, dans la société qu'il fréquentait, de la comtesse Teresa Carniani Malvezzi ; femme savante, qui avait mis Pope en vers, et qui pour le moment s'occupait à traduire Cicéron ; femme distinguée, qui remplaçait par les charmes de l'esprit ceux que l'âge commençait à lui refuser. Elle se prit de sympathie pour le poète malade, le reçut, le retint. Elle pleura lorsqu'il lui lut ses vers. Ce furent de longues conversations sur tous sujets, qui duraient quelquefois depuis l'Ave Maria jusqu'à minuit. Ils jouèrent le jeu dangereux d'échanger des idées, et même des lettres ; de se confier leurs secrets ; d'étudier leurs caractères, et de critiquer leurs défauts. Ils ne parlaient pas d'amour, mais vivaient ensemble dans une « amitié tendre », « avec un abandon qui était comme l'amour sans ses tourments ».

Leopardi, peu habitué à de telles fêtes, se donnait tout entier. « Dans les premiers jours où je l'ai connue, j'ai vécu dans une espèce de délire et de fièvre… Cette connaissance forme et formera une époque bien marquée dans ma vie, parce qu'elle m'a désillusionné de la désillusion ; parce qu'elle m'a convaincu qu'il y avait

vraiment au monde des plaisirs que je croyais impos-·
sibles, et que je suis encore capable d'illusions stables,
malgré la connaissance et l'habitude du contraire, si profondément enracinées en moi ; elle a ressuscité mon cœur
après un sommeil ou pour mieux dire une mort de tant
d'années... » (A Carlo, *Correspondance*, II, 30 mai 1826).

Il emporta son souvenir et son image à Recanati, lorsqu'il dût y revenir. Monaldo lui avait offert un bénéfice
ecclésiastique vacant dans la famille et, fidèle à ses
principes, il y avait renoncé. Mais maintenant, le père se
plaignait de la longue absence de son fils, parlant de son
affection profonde, déplorant même les rigueurs de sa
femme, qui lui imposaient sa conduite : conduite « que
réprouvaient son cœur, la justice et presque les conve-
nances ». Carlo et Paolina désiraient ardemment revoir
leur Giacomo. Il quitta donc Bologne quand vint l'hiver.

Les sentiments qu'il professait pour son pays ne chan-
gèrent pas ; il le revit avec la même haine, et lança contre
lui les mêmes malédictions. Il se refusa à sortir de sa
demeure et à fréquenter qui que ce fût ; il se donna tout
entier à la confection de cette Anthologie qui demandait,
pour être fabriquée en conscience, la lecture de tous
les prosateurs italiens ; et il attendit avec anxiété l'heure
de la libération.

III

Lorsqu'il revint à Bologne, il dut renoncer à son rêve.
Pourquoi ? Nous ne le savons pas au juste ; il ne se plai-
gnit pas, en homme habitué « à cacher au plus profond

de lui-même tous ses chagrins et toutes ses affections
vraies ». Nous n'avons gardé, de lui à elle, qu'un court
billet, un de ceux qu'on écrit quand on veut montrer
qu'on n'a pas souffert. Il demande à la comtesse la permission de prendre congé d'elle. Le ton trahit plus de
mélancolie que de colère ou d'aigreur.

Déjà il avait l'intention de se rendre à Florence ; les
fables qu'on a inventées pour expliquer la rupture sont
absurdes. On a voulu accuser la femme : retenons au contraire, qu'il lui dut une très douce illusion d'amour. Il
attendit d'abord la visite de Stella, qui prit le manuscrit
de l'Anthologie, et accepta l'idée d'une Encyclopédie des
connaissances inutiles et des choses qui ne se savent pas.
Sous ce titre bizarre Leopardi comptait sans doute faire
passer les matériaux divers qu'il recueillait dans ses notes
de tous les jours. Sa subsistance se trouvait assurée
pour quelque temps : et de plus, il espérait écrire une
œuvre qui portât au moins la marque de sa personnalité.

Mais ici la douleur, qui semblait lui avoir accordé
quelque trêve, le ressaisit. A peine est-il arrivé à Florence que ses maux d'yeux, aggravés, lui interdisent
non seulement la lecture, mais même la vue du jour ; il
doit rester enfermé dans sa chambre d'auberge « comme
une chauve-souris ». L'absurdité d'une rage de dents
le torture pendant quatre jours et quatre nuits sans
répit. Son estomac délabré lui refuse ses services.
Lorsqu'il peut sortir enfin, et redevenir un homme parmi
les hommes, c'est dans son amour propre qu'il est
atteint. Non point que Vieusseux oublie les propositions
qu'il lui a faites autrefois, ne lui ouvre l'accès de l'*Anto-*

logia, ne l'invite aux soirées où il réunit l'élite des littérateurs, et ne cherche à le bien recevoir. Mais Leopardi se souvient que les trois pièces des *Operette morali* qu'il a publiées en 1826 dans l'*Antologia* même, ont été froidement accueillies ; et en cette année 1827, où le livre vient de paraître en entier, il sent bien qu'on lui témoigne plus d'hostilité que d'estime. On condamne en effet sa philosophie désolante. Les moralistes, les économistes de l'*Antologia*, qui cherchent à donner à la littérature un caractère pratique, qui ont le goût de l'action et croient au progrès de leur patrie, ne peuvent pas ne pas être choqués par tant de négations accumulées. Ce pessimiste n'est pas des leurs.

Chez Vieusseux, le 3 septembre 1827, Giacomo Leopardi rencontra Alessandro Manzoni ; vivant contraste. Ce dernier, paisible et heureux ; élevé par une mère intelligente, qui a entouré son éducation de beauté et d'amour ; introduit à Paris dans le milieu des idéologues, où il a su profiter de la grande noblesse d'âme et de la vaste culture de Fauriel ; célèbre déjà dans toute l'Europe par l'attitude qu'il vient de prendre dans la querelle romantique ; auteur d'un des plus beaux romans qu'on ait écrits, et à coup sûr le plus moral : l'autre, sevré d'amour dès son berceau, pauvre, malade, épuisé, auteur de l'accusation la plus formidable qu'on ait dressée contre la nature et contre l'existence elle-même : deux types d'humanité, deux formes d'art, deux philosophies qui s'opposent. Si les assistants attendaient la rencontre avec curiosité, ils furent déçus. Leopardi et Manzoni se donnèrent des témoignages d'estime réciproque. Mais que dut penser Leopardi ?

Il quitta Florence quelque temps après, le 9 novembre,
pour s'abriter à Pise pendant les jours d'hiver ; il devait
y rester jusqu'au mois de Juin 1828. Or écoutons-le
parler de sa nouvelle résidence : il trouve le climat de
Pise exquis ; il a quitté son manteau et mis des habits
légers, tant la température est chaude : tandis qu'à Florence, il avait laissé le froid et la glace. L'aspect de la
ville est magnifique ; les quais offrent un spectacle si
riant, qu'il n'a rien vu de semblable, de toute sa vie : il
doute même qu'aucune ville d'Europe puisse entrer en
comparaison sur ce point. Les rues sont pleines de pié-
tons et de voitures ; on y entend parler dix langues différentes ; le soleil y resplendit, et fait briller les vitrines
des cafés et des boutiques, et les fenêtres des palais,
tous admirablement construits. A toutes ces beautés
s'ajoute le charme d'un italien parfaitement pur et élégant ; et il s'ajoute encore ceci, grâce à Dieu, qu'il se
porte bien, qu'il mange avec appétit, qu'il est logé
dans une bonne pension, qu'il a une chambre au couchant, avec une grande ouverture qui lui permet de
contempler l'horizon...

En vérité, on dirait d'un autre homme, tant les nuances
de sa psychologie varient avec rapidité. Les maladies
s'en sont allées avec la tristesse ; reste le charme de la
mélancolie. Il a suffi d'un souffle pour que sa sensibilité
s'épanouit, timide encore et apeurée, et par cela même
plus délicate. Ce ne sont plus les longs espoirs qui le
flattaient encore à Bologne ; il se contente de jouir doucement des jours qui passent. Il aime toujours la gloire ;
il en va chercher un peu à l'Université, où les étudiants

l'accueillent de leurs applaudissements unanimes ; il ne dédaigne même pas les honneurs que lui rendent les Académiciens de l'endroit. Mais il a moins d'orgueil, et sans doute aussi moins d'égoïsme : « Désormais, je fais plus de cas de l'affection des hommes que de leur estime ». Il travaille sans peine, presque avec plaisir, à une Anthologie de la poésie italienne qui doit faire pendant à l'Anthologie de la prose, et que Stella lui a demandée avant toute autre entreprise. Il se promène ; il a choisi pour son usage une rue dont la physionomie lui plaît, et qu'il appelle la voie des souvenirs. Il redevient rêveur et poète ; le matin de Pâques, quand les cloches des églises se mettent à sonner, et qu'il entend les harmonies de son enfance, il « retrouve son cœur d'autrefois ».

Puis tout s'assombrit. L'amélioration qu'il avait constatée, en arrivant à Pise, n'est pas durable ; le voici de nouveau victime de la maladie, privé des distractions de l'intelligence, des rêves de l'imagination, et des fêtes du regard. Surtout, la nécessité de retourner à Recanati lui apparaît, et le torture. Il doit y retourner, parce que la maladie l'empêche de travailler pour Stella, et qu'il a scrupule de recevoir un argent qu'il ne mérite pas. Il veut y retourner, parce qu'un de ses frères, Luigi, vient de mourir là-bas, à l'âge de vingt-quatre ans, et qu'il considère comme son devoir d'aller le pleurer avec les siens. Il avait résisté à Monaldo irrité, lui enjoignant de revenir, et lui disant que s'il prolongeait ses absences, le lieu et le temps qui leur resteraient pour vivre ensemble seraient le paradis et l'éternité : mais il ne résiste pas à l'appel du deuil et de la douleur. Il quitte donc Pise et gagne Florence.

Mais quand il s'agit de prendre la résolution définitive, d'aller retrouver « l'affreuse nuit » qui l'attend, sa
volonté chancelle, ses résolutions tombent, et il reste. Il
reste, et il s'irrite contre Florence, dont les rues sont
sales, dont les femmes sont sottes, dont les littérateurs
sont stupides : s'occuper de sociologie, et vouloir rendre
heureux les hommes groupés en nation, quand chaque
individu pris à part est nécessairement malheureux,
quelle folie ! Il s'irrite contre lui-même, songe à se tuer,
et se tuerait peut-être, si une famille amie n'accourait
de Bologne pour lui apporter quelque consolation.

Pourtant il faut partir. Il part enfin, avec un jeune
prêtre de Turin, qui sera son compagnon de route, et
qui s'appelle Gioberti. Le 21 novembre 1828, il est à
Recanati.

<h2 style="text-align:center">IV</h2>

Ce jeu cruel des départs et des retours serait mono-
tone si la vie qui s'écoule, les maladies qui s'aggravent,
les souffrances morales qui s'exaspèrent en s'accumu-
lant, ne compliquaient chaque fois la douleur ; le désespoir, qui semble toujours avoir atteint son terme, se
charge chaque fois de sentiments nouveaux.

La mort de son jeune frère, les dissentiments d'Adelaïde et Monaldo et de Carlo, qui se marie contre le gré
de sa famille et se voit expulsé de la maison paternelle,
ne laissent même plus à Giacomo cette tranquillité
morne qui engourdissait sa conscience. Lors de son dernier séjour il avait la certitude de partir vite ; cette fois,
il ne voit plus d'issue. Doit-il accepter une chaire d'his-

toire naturelle à Parme, au traitement de quatre louis
par mois ? Il ne connaît pas l'histoire naturelle et il ne
peut vivre à moins de cinq louis, surtout dans une capitale, et dans un pays où l'hiver est froid. Trouvera-t-on
quelque chose à Florence ou à Livourne, dans un lycée
ou dans une Académie ? Il sait bien que ces recherches
seront vaines, comme à l'ordinaire.

A Florence pourtant, dans la ville où il vient de se sentir si malheureux, un de ses amis, l'historien Colletta, travaille activement à lui venir en aide. Il lui offre de le
prendre dans sa maison ; puis, Giacomo refusant par
dignité, il propose d'organiser une souscription publique,
comme celle qui vient de sauver de la misère un autre lit-
térateur, Botta : cette fois, Giacomo se révolte presque.
« Je ne puis me résoudre à publier de la sorte ma mendi-
cité. Botta a dû le faire pour avoir de quoi manger : je
n'en suis pas là pour le moment ; et même alors, je ne
sais si je n'aimerais pas mieux mourir de faim que de
mendier ». Mais quand il voit que le temps passe, que le
prix de l'Académie de la Crusca, sur lequel il avait
fondé quelque espoir, et qui lui aurait rapporté mille
écus, est décerné à un autre — il faut bien alors que
sa dignité ombrageuse cède. Jusqu'ici, nous n'avions
pas vu Leopardi s'humilier : il déclare maintenant que
pour sortir de Recanati, il renonce à son orgueil.

Au moins Colletta trouve-t-il le moyen de sauvegarder
les apparences ; on fera la charité à Leopardi, mais il ne
saura pas d'où vient l'argent. Les amis Florentins s'enten-
dront pour lui fournir chaque mois la petite somme qui
lui est nécessaire ; Colletta la recueillera et la lui remet-

tra, sans avoir d'autre rôle que celui d'intermédiaire ; ce sera un prêt, si l'occasion se présente un jour de restituer l'argent, à condition que la restitution elle-même reste anonyme. — Leopardi, acceptant avec reconnaissance une aumône ainsi déguisée, quitte Recanati le 29 avril 1830.

Ce sont ses « amis de Toscane » aussi qui souscriront à une édition de ses poésies, pour augmenter ses ressources en répandant sa gloire ; c'est à eux qu'il adressera la plus triste et la plus touchante des dédicaces :

Florence, le 15 décembre 1830.

« Amis très chers, qu'il vous soit dédié, ce livre où je cherchais à consacrer ma douleur, ainsi qu'on le cherche souvent par la poésie ; ce livre avec lequel (je ne puis le dire sans larmes) je prends congé aujourd'hui des lettres et des études. J'espérais que ces chères études auraient soutenu ma vieillesse ; et je croyais, en perdant tous les autres plaisirs, tous les autres biens de l'enfance et de la jeunesse, avoir acquis un bien que nulle force, nul malheur ne me pourrait enlever. Mais j'avais à peine vingt ans lorsque, par cette maladie de nerfs et d'entrailles qui me prive de la vie sans me donner l'espoir de mourir, ce seul et unique bien fut réduit de plus de moitié ; puis, à vingt-huit ans, il m'a été enlevé tout entier ; et cette fois, je crois, pour toujours. Vous le savez bien, ces feuilles mêmes, je n'ai pu les lire ; et pour les corriger, j'ai dû avoir recours aux yeux et à la main d'autrui. Je n'ai plus la force de gémir, mes chers

amis ; et la conscience que j'ai de la grandeur de mon
infortune ne comporte pas l'usage des plaintes. J'ai tout
perdu ; je suis un tronc qui sent et qui souffre... »

Ce nouveau séjour à Florence n'est pas non plus tout
à fait semblable aux précédents. Le monde, qui semblait
le dédaigner, fait attention à lui, par curiosité, par pitié,
par admiration. Sa vie ne se réduit plus à l'histoire intérieure de ses sentiments. Sa réputation s'est étendue et
l'oblige à des déclarations de principes retentissantes; il
appartient en quelque mesure au public. Et sa vie intérieure elle-même est marquée par un grand amour et une
grande amitié. A la tristesse morne va succéder une tristesse agitée.

Une de ses premières relations est celle qu'il noue
avec un jeune philologue Suisse, nommé de Sinner ; une
visite officielle que celui-ci lui rend, comme à un des maîtres de l'érudition, est bientôt suivie de visites amicales.
Hors d'état de tirer parti lui-même de ses manuscrits philologiques, Leopardi conçoit l'idée de les confier à de Sinner.
Cette imprudence, qui montre avec quelle facilité il se li-
vrait, en dépit de ses théories, lorsqu'il croyait trouver une
affection où se reposer, devait lui coûter une partie de sa
gloire. Ce n'est peut-être pas la bonne volonté qui fit défaut à de Sinner, mais sans doute le crédit, l'activité, ou
même le sérieux. Il n'utilisa les papiers précieux qui lui
étaient ainsi remis que pour publier quelques extraits
dans le *Rheinisches Museum*, en 1835. Si la poésie demeure,
les ouvrages d'érudition perdent vite leur opportunité :
peu d'années suffisent pour qu'ils cessent d'être au point :
le travail de la critique se hâte de démentir leurs conclu-

sions. Les manuscrits de Leopardi gisent maintenant, démodés et inutilisables, dans les dépôts de la bibliothèque nationale de Florence, à qui de Sinner les a vendus.

Depuis la publication de sa canzone à l'Italie, Leopardi s'est désintéressé du mouvement politique contemporain, et a vécu hors de l'histoire : voici que l'histoire vient à lui. En 1830, l'exemple de la France secoue différents États de la péninsule ; Bologne notamment se soulève contre le gouvernement pontifical, et veut une Assemblée nationale qui lui donne une constitution. Il faut que Recanati envoie un député à cette Assemblée. Or la ville se souvient de son fils ingrat, et, à la grande terreur de Monaldo, qui compte parmi les conseillers municipaux chargés de l'élection, le nomme député. Honneur inattendu, dont la nouvelle parvint à Giacomo au moment où la révolution était déjà écrasée. Il n'en remercia pas moins ses concitoyens de leur choix, dans une lettre honnête, où il manifestait son désir de servir sa patrie, dans la mesure où les circonstances le permettraient.

Mais tout n'était pas fini. Monaldo, à peine remis de cette rude secousse, éprouve le besoin de manifester avec éclat sa joie de voir l'absolutisme rétabli. Il prend sa belle plume et public des *Dialoghetti, Dialogues sur les matières courantes pendant l'année 1831*. L'Europe, l'Italie, la France la Restauration, la Justice, la Liberté, la Guerre, et une foule d'autres personnages, comme Napoléon, le Diable, Polichinelle, discutent politique, et il résulte clairemeut de leurs propos que toutes les nouveautés sont abominables, que tous les libéraux et tous les incroyants sont des coquins, et qu'il faut en revenir au

bon vieux temps, sous l'autorité des Princes, du Pape,
et de l'Eglise.

Cette publication fait du bruit ; on se la dispute.
Comme la forme et le titre même rappellent les *Operette morali,* on attribue l'œuvre à Giacomo : les uns pro-
clament qu'il s'est converti, et les autres l'appellent rené-
gat. Que doit-il faire ? Garder le silence ? Subir la per-
sécution comme s'il ne pouvait échapper, même loin de
chez lui, à l'horreur de Recanati ? Ou bien infliger à
Monaldo un démenti public ? Pénible alternative pour un
fils qui ne veut pas se révolter ouvertement contre son
père, mais qui ne veut pas non plus subir son autorité
despotique au point de passer pour un traître aux yeux de
ceux qui ont mis leur confiance en lui. Il s'agit de principes ; sa conscience de penseur est en jeu ; et dès lors, il
estime qu'il y aurait quelque lâcheté à ne pas dissiper le
malentendu. Il envoie donc une note à l'*Antologia* et une
autre au *Diario di Roma* pour dégager sa responsabilité.
En même temps, il écrit à son père pour lui expliquer sa
conduite, et pour affirmer le respect que même dans une
circonstance aussi pénible, il ne cesse pas de professer
pour lui.

Presque en même temps, il se trouve obligé de s'expliquer aussi sur sa philosophie ; et il le fait avec
autant de netteté et de vigueur. Le journal l'*Hespe-
rus,* de Stuttgart, a publié au mois d'avril 1832 un article où son pessimisme est attribué à ses maladies. Il se
hâte de répondre à de Sinner, qui lui a communiqué l'article ; et pour que son correspondant puisse montrer le
passage et au besoin l'imprimer, il abandonne tout d'un

coup l'italien au cours de sa lettre, et s'exprime en français. « Quels que soient mes malheurs, qu'on a jugé à propos d'étaler et que peut-être on a un peu exagérés dans ce journal, j'ai eu assez de courage pour ne pas chercher à en diminuer le poids, ni par de frivoles espérances d'une prétendue félicité future et inconnue, ni par une lâche résignation.... Ç'a été par suite de ce même courage qu'étant amené par mes recherches à une philosophie désespérante, je n'ai pas hésité à l'embrasser tout entière ; tandis que de l'autre côté ce n'a été que par effet de la lâcheté des hommes, qui ont besoin d'être persuadés du mérite de l'existence, que l'on a voulu considérer mes opinions philosophiques comme le résultat de mes souffrances particulières, et que l'on s'obstine à attribuer à mes circonstances particulières ce qu'on ne doit qu'à mon entendement. Avant de mourir, je vais protester contre cette invention de la faiblesse et de la vulgarité, et prier mes lecteurs de s'attacher à détruire mes observations et mes raisonnements plutôt que d'accuser mes maladies.... »

Or, tandis qu'il donne ces témoignages d'une âme constante, il tombe non seulement dans toutes les faiblesses, mais dans tous les ridicules de l'amour. Le premier symptôme est le regard de complaisance donné à son vieil habit bleu qui, retouché par le tailleur, a encore fort bon air. Puis viennent les visites, de plus en plus fréquentes ; la recherche de celle qu'il aime dans tous les salons où l'on peut, par hasard, la rencontrer. Elle a commencé une collection d'autographes : vite, il fait venir tout ceux qu'il possède à Recanati ; et il écrit à ses correspondants, ceux d'Italie, de France et d'Allemagne, pour leur recommander en

grâce cette grave affaire. Ce sont les attentions passionnées, les rêveries et les extases en sa présence ; et loin
d'elle, les transports, et quelquefois les fureurs. Il ne
s'aperçoit pas qu'il est ridicule, qu'on se moque de lui ;
écolier toujours inexpérimenté, il se prépare une souffrance qui sera pire que les premières, parce qu'il la
chérit davantage. Tous ceux à qui il aura donné la comédie, quand viendra la conclusion nécessaire, et qu'il aura
été brutalement repoussé, ne sauront plus rien : ni le jour
où la rupture s'est produite, ni comment ; il gardera son
amertume en lui-même, et les plus intimes de ses amis
seront réduits à des conjectures. Sa seule confidente sera
la poésie ; l'art transformera la douleur en beauté.

Naturellement, il aime la plus jolie et la plus adulée ;
Fanny Targioni-Tozzetti, femme d'un professeur illustre, beauté florentine de vingt-neuf ans. Nous savons qu'il
était reçu chez elle à la fin de 1830 ; quand sa santé ne
lui permettait pas de sortir, elle allait le voir en compagnie de quelques amies. Aussi bien n'éprouva-t-il pas,
cet hiver-là, le désir de chercher ailleurs un climat plus
doux. Un matin de printemps, il la trouva au milieu de
fleurs, rayonnante de beauté ; et il l'aima. Il l'aima éper-
dument, dangereusement ; il était dans tout le feu de sa
passion lorsqu'il partit brusquement pour Rome, au mois
d'octobre 1831, sous l'influence de son nouvel ami, Antonio Ranieri.

Napolitain que ses parents faisaient voyager, de peur que
le gouvernement des Bourbons ne lui cherchât quelque
mauvaise querelle, Ranieri avait visité l'Italie et l'Europe :
beau, élégant, cultivé, il séduisait au premier abord. Il

avait fait la connaissance de Leopardi à Florence en 1827 ;
il vint le revoir en 1830, et s'émouvant de sa misère, il
lui proposa de faire désormais bourse commune. L'offre
fut d'autant plus opportune, que le subside des amis florentins avait un caractère provisoire, et cessait au bout d'un
an. Sans doute Leopardi n'entendait pas vivre entièrement aux frais de son ami ; quelque pénible que lui fut
cette démarche, il demanda à Monaldo une pension ; celui-ci
l'ayant renvoyé à Adelaïde, il consentit à s'humilier devant
elle et obtint qu'on lui donnât douze écus par mois.
Mais il est difficile de subsister avec douze écus ; et
encore y eut-il, entre le don des amis de Toscane et le
secours de la famille enfin pitoyable, un intervalle où il fut
sans ressources. Ranieri dut donc lui apparaître comme
une Providence. Il lui offrait mieux que de l'argent : la douceur d'une présence amie, les soins que la maladie et la
misère ne rebutent pas. L'amitié devint intimité ; bientôt
ce ne fut plus seulement leur bourse qui fut commune,
mais toute leur vie.

Ranieri fut vite au courant de l'amour de Leopardi
pour la Fanny ; d'autant plus qu'il fut lui-même aimé d'elle.
Est-ce pour arracher le poète à son exaltation qu'il l'en-
traîna vers Rome ? Est-ce pour retrouver une chanteuse
de ses amies, avec laquelle il entretenait une liaison
depuis longtemps commencée ? L'infirme ne pouvait plus
se passer de son infirmier ; il le suivit.

Loin de Florence, il s'exaspère. Les lettres apeurées
de sa famille, qui le croit chassé de Toscane pour quelque raison politique ; les sots bavardages que son brusque
départ a provoqués, et qui le représentent comme con-

verti au catholicisme, prêt à recevoir la prélature à Rome ;
les visites qu'il doit faire, s'il veut seulement répondre
aux politesses dont il est l'objet ; les honneurs que lui
rendent les poètes fâcheux, assiégeant sa porte : tous les
évènements de la vie journalière, les plus simples et les
plus communs, l'agacent et l'irritent. Le comble de l'horreur, c'est qu'il rencontre quelquefois des gens de son
pays ; ces êtres inférieurs, non contents de se montrer
dans les rues, poussent l'audace jusqu'à monter chez lui ;
un perruquier qui vient couper les cheveux de Ranieri ne
s'avise-t-il pas d'être de Recanati ? Cela seul suffirait à
entretenir sa haine. Les vivres sont chers, chers les loge-
ments, l'air malsain nuit à la santé. Il faut rentrer à Florence.

Les deux amis y rentrèrent, en effet, au mois de mars
1832; et Leopardi reprit sa vie habituelle : des promenades, quelquefois ; quelques causeries érudites — il vient
d'être nommé membre correspondant de l'Académie de
la Crusca ; — quelques relations mondaines ; quelques lettres à écrire, pénibles et rares ; la fréquentation des étrangers illustres — il y en a toujours à Florence ; — et surtout, de longs entretiens avec son idole. A Rome, il s'était
chargé d'autographes pour elle : ce fut le moyen tout
indiqué d'aller la revoir. Il la revit souvent, il lui écrivait quand elle s'absentait; il l'attendait à son retour.

Ici commence le mystère, parce qu'ici commence la désillusion du dernier amour. Il est certain que Leopardi ne
parle jamais plus de Fanny dans ses lettres à partir du
29 janvier 1833. Il est certain que, Ranieri ayant rompu
avec sa chanteuse, la belle Florentine s'efforça de tourner

à son profit le bénéfice de cette rupture. Il est possible
que Leopardi, épris jusqu'à en être aveugle, ait été la
dupe de cette manœuvre, et l'ait d'abord favorisée. Il
n'est même pas impossible que pour continuer à voir et
à entendre celle qu'il aimait, il ait supporté qu'elle accor-
dât à Ranieri des faveurs plus substantielles. Mais à vrai
dire, c'est là son secret.

Cependant Ranieri avait été rappelé chez lui par son
père, qui trouvant son fils peu disposé à l'écouter, avait
cessé de le fournir d'argent ; il dut finir par s'exécuter
et partit en déclarant qu'il obtiendrait de deux choses
l'une : ou bien les moyens de vivre à Florence avec Leopardi, comme par le passé ; ou bien la permission de faire
venir Leopardi à Naples. Une fois arrivé à Naples, le
premier projet lui parut irréalisable, et le second difficile. Il prépara pourtant les voies, en intéressant au sort
du poète malheureux plusieurs membres de sa famille, et
notamment sa sœur Paolina. Puis il revint à Florence.

Quelques mois monotones s'écoulent encore, et les
deux amis, enfin, se mettent en route pour Naples le 2 Septembre 1833.

Leopardi quittait Florence sans regret. De tout ce qui
avait fait la trame de sa vie, rien ne restait. La réaction
politique sévissait : Giordani avait été brutalement expulsé
par la police ; et après lui, Colletta ; l'*Antologia* était sup-
primée. Son pauvre amour était mort ; il pouvait partir :

Maintenant tu reposeras pour toujours.
ô mon cœur fatigué. Elle s'en est allée, la dernière illusion
que je croyais éternelle en moi. Elle s'en est allée. Je le sens bien,
dans mon âme, des illusions qui m'étaient chères

non pas seulement l'espoir, mais le désir est mort.
Repose pour toujours. Tu n'as que trop palpité.
Rien au monde ne mérite
tes battements ; de tes soupirs est indigne
la terre. Amertume, ennui
est la vie, et rien d'autre. Le monde est boue.
Reste en paix désormais. Que ce désespoir
soit le dernier. A la race humaine, le destin
n'a fait qu'un présent : la mort. Désormais, méprise
et toi même, et la nature, et l'infâme
pouvoir qui, caché, commande le mal universel,
et l'infinie vanité de toutes choses.

(A lui-même, Florence, 1833.)

CHAPITRE IV

LE PESSIMISME

C'est pendant ces mêmes années que se développe le
pessimisme de Leopardi. Né comme sentiment après la
crise qui termine l'adolescence, il s'élabore peu à peu
comme théorie. On en retrouve l'évolution dans les *Pensées de philosophie mêlée et de littérature,* souvent dési-
gnées sous le nom plus familier de *Zibaldone* (Mélanges).

Nous voudrions montrer à quel point la connaissance
du *Zibaldone* renouvelle la physionomie morale de Leopardi. A le juger par les écrits où il a exposé officielle-
ment, pour ainsi dire, la théorie de « l'infélicité », il
apparaît comme le destructeur par excellence : son implacable ironie n'épargne rien. L'histoire de ses pensées
intimes nous révèle, au contraire, les crises d'une âme
angoissée, qui n'a jamais pu se résoudre à faire le
sacrifice du bonheur.

I

Ce sont bien des « mémoires d'outre-tombe » que ces
pages qui ont dormi pendant trois quarts de siècle.

Mais n'allons pas les comparer aux Confessions, aux Souvenirs, aux Mémoires, que tant de grands hommes ont laissés après eux. Ce journal intime présente des caractères très particuliers ; et d'abord, son aspect seul est saisissant.

La masse en est considérable ; sept volumes, à l'impression ; denses et serrés ; quatre mille six cent vingt-six pages manuscrites, numérotées par Leopardi lui-même. Il a commencé à l'écrire pendant la première moitié de 1817. Des grandes feuilles qu'il couvrait de ses caractères menus, une trentaine seulement sont de 1818, une centaine de 1819. De 1820 à 1823, elles s'accumulent ; son activité intellectuelle atteint alors sa plus grande intensité. Elle se ralentit en 1824 et pendant les années qui suivent ; ce qui vient après 1829 se réduit à quelques lignes. La dernière pensée est du 4 décembre 1832. Leopardi les date toutes, sauf celles du début ; et même il joint souvent à la brève indication du jour et du mois le nom d'une de ces fêtes de l'Eglise qui, dans la vie presque monastique qu'il menait, servaient à partager le cours de l'année : 25 Mars, jour de l'Annonciation de la Très Sainte Vierge Marie ; 29 Juin, jour de Saint Pierre ; 25 Juillet, jour de Saint Jacques. Il n'est pas rare de voir des pensées nettement anti-religieuses suivies de ces pieuses indications, souvenir presque machinal des habitudes d'enfance.

Amas des matériaux les plus divers, accumulés sans autre loi que le désordre même des idées, lorsqu'elles se présentent pour la première fois à l'esprit, il y a de tout dans le *Zibaldone.*

Il y a de la littérature : italienne d'abord, française

ensuite ; et un peu de tous les pays. De la philologie, et de la philologie comparée, italien, espagnol, anglais, français, latin, grec, hébreu ; des recherches étymologiques, des études de syntaxe, des observations et des notes : tout ce qui peut intéresser un savant prodigieusement versé dans la connaissance du langage. De l'histoire, de la politique, de la sociologie, voire de la physique et des sciences naturelles. De la psychologie : c'est même l'élément essentiel, s'il est vrai que rien n'occupe tant Leopardi que sa propre âme. On y trouve la matière d'œuvres innombrables, qui auraient suffi à remplir la vie de dix individus ordinaires. On y trouve des observations prises sur le vif, et mises de côté pour être utilisées plus tard ; des traits de mœurs arrêtés au passage ; des sensations poétiques, immédiatement traduites dans leur force et dans leur fraîcheur ; des amorces de vers, et même dans les pages du début, des plaisanteries qui ne sont pas toujours comiques, des mots d'esprit qui ne sont pas toujours fins.

Mais à mesure que le Journal avance, plus de détente ; rien que de sérieux et d'austère. Le procédé habituel est l'analyse, qui arrête l'élan, réprime l'effusion, ne permet pas les accès de passion : à peine apparaissent-ils qu'elle intervient, prête à observer, à disséquer. Le plus souvent, Leopardi se met en face d'une idée, qui lui est fournie par un auteur ; il recopie le texte dans son intégrité, long ou bref, comme s'il redoutait les pertes que pourrait subir l'idée résumée, ou sa déformation, traduite. Ainsi rapporté, le passage représente l'hypothèse à discuter ; il faut que la discussion commence aussitôt. Les difficultés sont divisées par ordre ; dans les cas compliqués, un numéro vient distinguer chaque partie du raisonnement. Il ne saurait admettre qu'un détail, un seul, soit oublié : il cherche à les enserrer tous dans ses phrases aux multiples replis.

Lorsque tout est examiné et jugé, seulement alors, Leopardi retrouve le repos dont il ne pouvait jouir, faute de voir clair jusqu'au plus profond de son esprit. Encore lui arrive-t-il de revenir souvent sur un résultat qui paraissait établi. Les problèmes importants sont cent fois repris, et cent fois l'analyse recommence, soit qu'elle consolide une vérité chancelante, soit plutôt qu'elle lui substitue la vérité contraire. Il abandonne un développement philosophique, par exemple, pour passer à un développement d'ordre philologique, il revient au premier, le quitte, le reprend encore, avec une ténacité presque morbide. Est-ce une tendance à l'obsession ? Peut-être. C'est, dans tous les cas, la recherche anxieuse de la vérité ; c'est le triomphe de l'esprit critique.

Certaines discussions sont poussées jusqu'à former de véritables petits traités, dont la composition dure plusieurs jours. Cependant les pensées sont en général brèves et de courte haleine. Il les juxtapose beaucoup plus facilement qu'il ne les coordonne. Lorsqu'il veut aboutir à une conclusion, il multiplie les rappels, les renvois aux résultats précédemment acquis. Effort qu'on sent pénible et qui le plus souvent est vain ; il ne peut pas conclure. Car il possède nombre de qualités indispensables au philosophe, mais non pas la force de synthèse, qui lui permettrait d'ordonner rapidement les résultats de ses enquêtes. Il paye ainsi la rançon de ses autres qualités. Très sensible aux défauts que présentent les systèmes, surtout lorsqu'ils sont purement intellectuels, et ne demandent rien à l'imagination ni à la sensibilité, il n'en reconnaît pas moins que tous les grands penseurs ont laissé derrière eux une vaste construction philosophique. Mais ses constructions, à lui, sont fragiles, et frappées à l'avance de caducité ; il les détruit de ses propres mains. Toujours en proie au doute, il ne trouve même pas le repos dans le scepticisme. Il lui manque, au fond, la faculté métaphysique. Constatons qu'à l'époque où Kant et ses successeurs sont les maîtres de l'opinion européenne, Leopardi n'en vient jamais à concevoir que le monde pourrait n'être, après tout, qu'une projection de son esprit. Il manifeste du mépris pour les théories venues d'Allemagne, et il les déclare inintelligibles. « Quelles sont les grandes découvertes de Leibnitz, peut-être le plus grand métaphysicien allemand, et certainement très profond observateur de la nature, grand mathématicien ? Monades, optimisme, harmonie préétablie, idées innées : fables et songes. Quelles sont celles de Kant, chef d'école ? Je crois que personne ne le sait, pas même ses disciples... » (*Zibaldone*, III, p. 407) [1]. Il lui arrivera d'accommoder à sa manière quelques-unes des idées du premier ; nous ne voyons pas qu'il ait rendu justice à la grandeur du second.

Dans cette inquiétude perpétuelle, les états successifs de la pensée ne sont pas toujours tranchés nettement.

---

[1] Nos citations du *Zibaldone* ne valent qu'à titre d'exemple. Autrement, il faudrait les multiplier.

Des idées qui paraissaient abandonnées reparaissent. Il ne suffit pas qu'un principe ait été convaincu de fausseté pour qu'il soit rejeté : après la condamnation vient le scrupule. Les flottements d'une conscience troublée, toute encombrée de croyances qui ne lui appartiennent pas en propre et dont elle ne se débarrasse pas sans une sorte de remords, rendent parfois confuses les péripéties du drame intérieur. Leopardi l'audacieux et le rebelle est quelquefois timide, et singulièrement attaché aux traditions.

Mais une fois ces réserves faites, et restant bien entendu qu'il s'agit de convictions dominantes, et non pas exclusives, voire même d'affirmations contradictoires, le *Zibaldone* permet de distinguer dans la formation de la philosophie léopardienne plusieurs phases.

Leopardi, poussé au pessimisme par la considération de ses infortunes personnelles, résiste. Il essaye de sauvegarder une partie du bonheur par la théorie des illusions ; il considère la nature comme une Providence ; il admet que l'homme, malheureux aujourd'hui, a été heureux jadis. C'est le pessimisme historique.

En second lieu, les progrès de sa pensée le forcent à détruire les croyances auxquelles il essayait de se rattacher. Il renonce à la philosophie provisoire qui contenait encore des éléments de consolation.

Alors le pessimisme historique fait place au pessimisme absolu ; Leopardi proclame le néant de toutes choses.

Mais il ne se donne pas encore pour vaincu ; il essaye de remédier au mal par une morale pratique ; par le mépris des forces injustes du sort ; et par l'amour de l'humanité.

C'est ainsi qu'il faut se représenter son pessimisme : non pas spontané et comme volontaire, mais longuement combattu et douloureusement accepté. Il serait à peine exagéré de dire que Leopardi est pessimiste malgré lui.

II

Il a fixé le moment précis où sa recherche philosophique a commencé. « Le changement total survenu en moi... a eu lieu dans l'espace d'une année, à savoir en 1819 : alors, privé de l'usage de la vue et de la continuelle distraction de la lecture, je commençai à sentir mon infélicité d'une manière beaucoup plus sombre ; je commençai à abandonner l'espérance et à réfléchir profondément sur les choses (dans ces *Pensées*, j'ai écrit en une seule année le double de ce que j'avais écrit en un an et demi, et sur des matières concernant surtout notre nature ; à la différence des pensées précédentes, presque toutes littéraires) ; je commençai à devenir philosophe de profession de poète que j'étais...., » (I, 250).

Or, au moment où, suivant ses fortes expressions, il voit, il goûte, il touche de la main le néant, il réagit. Les puissances mauvaises qui semblent se jouer de lui, qui lui interdisent et la douceur de l'amour et la gloire de mourir pour sa patrie, qui torturent son corps, ont-elles un caractère éternel ? Elles règnent dans le présent : c'est un fait ; ont-elles régné toujours ? N'y a-t-il pas eu un temps où l'humanité vivait heureuse ? Croire à une félicité, fût-elle passée, fût-elle lointaine, c'est encore lutter contre les atteintes du malheur.

Leopardi y croit. Aujourd'hui tout est mauvais : mais tout était bon autrefois. Son imagination lui représente les Grecs, les Romains, comme un idéal rétrospectif : beaux et forts ; heureux dans le libre déploiement de leurs forces ; pratiquant les vertus magnanimes qui transformaient le moindre soldat en héros, et tous les citoyens en sages. Il remonte même plus loin dans l'histoire du monde, et il envie l'état des hommes primitifs, avant que la société fût établie. Ceux-là aussi étaient heureux : ils n'avaient qu'à suivre la nature.

Car la nature est une mère prévoyante et tendre. Elle ne pouvait supprimer les maux réels qui accablent les hommes, la maladie qui les use, la mort qui les prend. Mais au moins a-t-elle trouvé pour ses enfants un sûr remède : les illusions. Ils ont cru au patriotisme ; et quand ils ont sacrifié leur vie pour leur pays, ils ont trouvé douce même la mort. Ils ont cru au devoir ; et travaillant à suivre ses lois, ils ont donné un sens à la vie. Ils se sont laissés bercer par l'illusion, de toutes la plus charmante et la plus capable de les tenir occupés en les ennoblissant ; l'amour ; la dernière qui soit restée sur la terre, après le départ de toutes les autres.

Remarquons que pour Leopardi, l'illusion n'est pas la volupté qui permettrait de tromper momentanément la souffrance ; ni l'engourdissement de l'âme qui permettrait de l'oublier. L'illusion, c'est la vertu : la conviction qu'il est beau, qu'il est bon de sacrifier son intérêt propre à celui d'autrui ; qu'il est juste de se soumettre aux volontés de la collectivité ; que les sentiments nobles doivent l'emporter sur les désirs bas. Sans doute, l'amour-propre a toujours été le grand mobile de l'action, puisqu'il n'y en a pas d'autre, qu'il constitue un principe « quasi final », et que « tous les effets de la vie humaine sont proportionnés à sa plus grande force » (I, 287 ; II, 299) ; mais l'égoïsme de chacun, trompé par les illusions, se subordonnait à l'intérêt de tous. Aujourd'hui, nous assistons au combat féroce des égoïsmes opposés ; la société est semblable à ces colonnes d'air qui se pressent les unes les autres dans l'atmosphère ; si l'une faiblit et laisse un vide, les autres prennent aussitôt sa place et l'écrasent (II, 274).

Il faudrait savoir par quelle aberration les hommes ont déchiré le voile du bonheur. C'est qu'ils ont cru, explique Léopardi, à la supériorité d'une faculté inférieure, la raison. « Grande vérité qu'il convient de bien peser : la raison est ennemie de toute grandeur ; la raison est ennemie de la nature ; la nature est grande, la raison est petite » (I, 93). Telle est l'idée qui surgit en son esprit, provoquée peut-être inconsciemment par les obscurs besoins de son âme ; car elle lui rend compte à la fois de sa propre destinée, et du sort de toute la race humaine. Pourquoi était-il heureux dans sa jeunesse ? Parce qu'il vivait d'illusions. Pourquoi a-t-il été malheureux dès qu'il a voulu entrer dans la vie réelle ? Parce qu'il s'est heurté à un monde sans illusions, c'est-à-dire sans générosité, sans grandeur d'âme. La raison a dépouillé gloire, vertu, héroïsme, de leurs apparences ; elle a montré qu'à les poursuivre, l'individu se sacrifiait sans compensation ; elle a conseillé de rechercher l'intérêt le plus immédiat, le plus matériel, le plus grossier. Après la jeunesse du monde, la raison a chassé les illusions, et laissant voir toute nue la misère de notre condition réelle, a détruit le bonheur.

Plaçant ainsi son idéal dans le passé, Leopardi combat ceux qui le placent dans le futur. Etrange erreur des philosophes et des littérateurs qui vont prêchant la religion de la perfectibilité ! Ils demandent à la raison l'amélioration du genre humain : et la raison, de siècle en siècle, a tari toutes les sources de joie. Le système matériel du monde, aussi bien dans l'ensemble que dans le détail, dans l'organisation d'un animal à peine visible comme dans l'ordre des astres, est si parfait — d'une perfection non pas absolue, mais relative à son essence — qu'il est impossible de rendre meilleure en quoi que ce soit l'œuvre de la nature. Plus on veut la corriger, plus on la corrompt : si on s'était contenté de la suivre, on n'aurait pas vu la souffrance croître avec chaque époque de l'histoire de l'humanité. Nous étions dès notre origine tels que nous devions être ; notre perte est venue de nos prétendus progrès. Tout *était* pour le mieux dans le meilleur des mondes : Léopardi n'est pas très loin de cette formule, étrange en vérité, pour un pessimiste, et qui, plus qu'une aspiration à rencontrer partout le mal, trahit sa nostalgie du bien.

Aussi se complait-il à faire le parallèle entre « autrefois » et « aujourd'hui » : ses idées politiques s'expliquent par là, aussi bien que ses idées morales. Aujourd'hui, tout est noir. La liberté antique a parlé pour la

dernière fois dans les Philippiques (II, 2-3) ; depuis, le
despotisme et l'anarchie ont régné tour à tour. La monar-
chie serait le meilleur d'entre les gouvernements, s'il
n'était impossible de trouver un prince qui fût bon ; la
démocratie ne serait pas mauvaise en soi, si le peuple
pouvait conserver deux qualités essentielles à son main-
tien, la force d'âme et les bonnes mœurs ; en outre, point
de démocratie sans égalité, et point d'égalité sans les
illusions (II, 53). Les guerres, tenant éveillée la haine
contre les ennemis, faisaient la force des nations ; aujour-
d'hui, il n'y a plus de guerres nationales ; il n'y a plus
que le conflit d'égoïsmes individuels, qui obligent les
peuples à se massacrer pour des intérêts où ils n'entrent
pas. La paix, si elle dure, favorise la corruption intérieure ; la haine au lieu de s'exercer de citoyen à étranger, s'exerce de citoyen à citoyen ; et l'idée même de
nation disparaît (II, 232-269.)

Autrefois, tout était beau. Age d'or, dont il entrevoit
la confirmation dans les histoires et dans les mythes,
dans la tradition du Paradis terrestre et dans l'aventure
de Psyché ; âges héroïques de Sparte et de Rome ; jeunesse de l'humanité, belle et douce comme un songe :
telle est l'époque où la pensée de Leopardi se réfugie,
pour échapper à sa propre misère. Il les chérit, ces illusions créées par la nature, mère très bonne et très sage,
attentive à guérir les plaies de ses enfants. Qui sait ? Elles
pourraient encore renaître. Si les princes comprenaient
bien leur rôle, ils travailleraient de tout leur pouvoir à
les favoriser ; ils les développeraient dans l'esprit de
leurs sujets (I, 298 ; II, 349) ; elles finiraient par s'impo-

ser de nouveau à tous les hommes. Ce jour là, l'infélicité ne règnerait plus dans le monde, et le bonheur
redeviendrait réalité.

III

Il serait trop facile de critiquer ces théories. Leur
valeur ne vient pas de l'application que nous en pourrions
faire à l'énigme des choses ; car ainsi interprétées, elles
sont peu cohérentes, et laissent voir l'influence de doctrines très diverses, qui ne se réduisent pas l'une à l'autre aisément : elles rappellent Leibniz et Vico ; les Français surtout : Pascal, Montesquieu, Rousseau, Madame
de Staël ; et beaucoup d'autres. Leur valeur vient de
l'effort, du long « martyre de la pensée » qu'elles sup-
posent, de l'incontestable noblesse d'âme qu'elles ne
cessent pas de révéler. C'est comme telles qu'elles méri-
tent d'être retenues, non point comme philosophie logique
et solide. Leopardi a conscience de leur instabilité ; il
continuera son travail de doute et de recherche ; elles
doivent, sinon disparaître, au moins s'effacer pour faire
place à d'autres, qu'elles n'auront fait que préparer.

Voici, en effet, l'idée maîtresse qui va battre en brèche
cet optimisme déguisé et obstiné ; ruiner toutes les
croyances, détruire toutes les valeurs ; renverser la
théorie des illusions, et conduire Leopardi au pessimisme absolu. Il l'appelle le principe de relativité.

Celui-là se présente à son esprit par un détour, par
l'intermédiaire de l'art. Il lui venait sans doute de plus
loin, de la lecture des philosophes sensualistes anglais
et français qui furent souvent le sujet de ses méditations.

Mais ce fut l'étude des lois de l'esthétique qui lui en révélèrent la puissance. Cherchant si le prototype du beau existe réellement dans les choses, ou bien s'il y est mis par notre esprit, Leopardi s'aperçoit que le beau dépend des opinions, des pays, des moments, sans répondre à une réalité fixe ; et il ne tarde pas à étendre l'application de cette découverte. « Non seulement le beau, mais peut être la plus grande partie des choses et des vérités que nous croyons absolues et générales, sont relatives et particulières... » (I, 311). « Le bien et le mal moral n'ont rien d'absolu. Il n'y a d'actions mauvaises que celles qui répugnent aux inclinations de chaque espèce d'êtres ; ne sont pas mauvaises celles qui nuisent à d'autres êtres, pourvu qu'elles ne répugnent pas à la nature de celui qui les accomplit » — (III, 272). « Ni formes, ni idées, ni nécessité, ni raison d'être, ni d'être de telle ou telle façon ». — Telle est l'idée répétée sous cent formes diverses : il n'y a rien d'absolu.

Tout naturellement, ce principe vient se heurter à ses convictions religieuses antérieures. On ne sait pas au juste quand Leopardi quitta cet habit de prêtre qu'il portait pendant ses jeunes années. Sa foi, en tout cas, survécut longtemps. Si puissante était l'empreinte qu'elle avait laissée sur son esprit, qu'il avait essayé un moment de la concilier avec sa théorie des illusions.

La religion, se disait-il, est l'ennemie de la raison et se rapproche de la nature ; elle a pour adversaire les partisans du progrès. Le dogme de la rédemption, et partant tout le christianisme sont liés à l'idée d'un état primitif d'où l'homme est déchu par sa faute : l'enseignement principal de mon propre système est la déchéance de l'homme (I, 441). Les illusions et la foi se trouvent donc d'accord.

Pareillement, le jour où il se convainquit qu'il n'y avait rien d'absolu, il s'imagina qu'il était possible de sauver les dogmes. Ils sont vrais, pensait-il, d'une vérité relative.

Rien ne préexiste aux choses, pas même la nécessité. Mais il reste toujours la possibilité. Dieu n'est donc pas nécessaire ; mais il est possible ; et possible, une religion qu'il aurait établie ; la religion chrétienne, par exemple. « Ainsi demeure sur pied toute la religion chrétienne ; l'infinie perfection de Dieu, qui se nie comme absolue, s'affirme comme relative, et comme perfection dans l'ordre de choses que nous connaissons, où les qualités que Dieu a par rapport au monde sont, relativement à ce monde, bonnes et parfaites..... La religion chrétienne est donc entièrement vraie ; et mes dogmes, loin de s'opposer à elle, la favorisent » (III, 269-271 ; 273).

Il ne s'aperçoit pas que son raisonnement n'est pas celui d'un croyant. S'il croyait encore, c'est la vérité de la religion qu'il établirait en principe : au contraire, il veut soumettre la foi à une philosophie. L'incompatibilité ne peut pas ne pas éclater. La vérité première, à laquelle il revient, est que « le principe de toutes choses et de Dieu lui-même, est le néant » (III, 100-101 ; 174-175).

Il n'eut pas de crise apparente ; il ne traversa pas de ces « nuits » que connurent plusieurs de ses contemporains. Les scrupules religieux furent peu à peu étouffés ; ayant perdu la foi, il perdit le respect ; après l'irrespect, l'hostilité se marqua. Ce furent des observations de détail, qu'il énonça d'abord « sans vouloir faire tort au christianisme » ; et ensuite pour lui faire tort ; des remarques non seulement contre les dogmes, mais même contre la morale chrétienne ; des attaques directes, des critiques essentielles. Dans sa correspondance il emploie encore des expressions respectueuses, par égard aux opinions de son père. Dans le *Zibaldone* il est agressif. La métaphysique du christianisme lui semble ridicule. Une seule doctrine, à son sens, pouvait soutenir notre conception traditionnelle de la vérité et de la vertu : le platonisme et ses idées innées (III, 325-326).

Le doute, qui gagne de proche en proche, arrive à menacer la théorie des illusions après avoir détruit la foi, et de là naît un nouveau conflit.

Ce que nous tenons pour réel n'a pas, en effet, de valeur objective. Nos opinions les mieux fondées étaient fausses hier ; elles le seront demain ; elles paraissent fausses aujourd'hui même à nos voisins. Dès lors, comment des imaginations sans fondement subsisteraient-elles ? S'il était déjà difficile à Leopardi de donner les illusions pour vraies, quand il admettait encore la notion de vérité, il semble qu'elles deviennent maintenant l'ombre d'une ombre.

Il répond que la nature, dont la prévoyance se fait sentir jusqu'au bout, n'a pas fait en sorte que le don par elle accordé aux mortels fût vain. « Je considère les illusions comme une chose dans une certaine mesure réelle, étant donné qu'elles entrent dans le système de la nature humaine comme un ingrédient nécessaire, et qu'elles ont été données par la nature à tous les hommes ; de sorte qu'il n'est pas permis de les expliquer par le rêve d'un seul ; mais elles sont véritablement le propre de l'homme, et voulues par la nature, et sans elle, notre vie serait la plus misérable et la plus barbare.... Elles sont nécessaires, et entrent substantiellement dans la composition et dans l'ordre des choses... » (I, 157). En d'autres termes, les illusions demeurent comme fait psychologique universel ; et c'est leur universalité qui leur donne une valeur. « L'homme serait heureux, si les illusions de sa jeunesse et de son enfance étaient réalité. Elles seraient réalité, si tous les hommes les avaient et continuaient toujours à les avoir : parce qu'alors, le jeune homme d'imagination et de sentiment, entrant dans le monde, ne se trouverait pas trompé dans son attente, ni dans le concept qu'il s'était fait des hommes ; il les trouverait, à l'expérience, tels qu'il les avait imaginés. » (IV, 376).

Et ce sera toujours ainsi ; et la lutte contre le pessimisme envahissant, malgré la sécheresse des notations intellectuelles du *Zibaldone*, malgré l'encombrement des matériaux divers qui arrête souvent le cours de la pensée, est émouvante. Leopardi choisit une position qu'il croit sûre ; il s'y établit, puis il doit reculer. Il recule comme malgré lui ; il cherche à gagner du temps ; on dirait qu'il demande des trêves. La trêve finie, il subit de nouvelles défaites, de croyance en croyance, jusqu'au moment où la dernière disparaîtra devant le scepticisme vainqueur.

Il remarque que la théorie des illusions dissipe le mal

en le trompant ; mais qu'elle ne le supprime pas. La nature les a données à l'homme comme remède : or le remède suppose une maladie qui lui est antérieure. Elles permettent d'oublier : mais d'oublier quoi ? Une des idées les plus familières à Leopardi, une de celles qu'il a répétées le plus souvent après l'avoir émise au début, est le malheur qui accable les hommes supérieurs. Ce malheur provient de la haine et des persécutions que suscite dans une société égoïste le sentiment d'une grandeur capable de mépriser le vulgaire ; mais il provient en même temps de causes plus profondes. Être supérieur aux autres, c'est posséder des facultés plus développées et plus actives que les autres ; c'est vivre davantage. De l'intensité de la vie vient l'intensité du malheur. L'homme vit plus intensément que l'animal : voilà pourquoi l'animal souffre moins que l'homme. La vie est plus intense chez le grand homme que chez la brute, voilà pourquoi la brute souffre moins que le grand homme (III, 126 ; IV, 224). Cela ne revient-il pas à dire que vie et malheur sont des termes équivalents ? L'infélicité ne vient pas du développement de l'être, ni du progrès : elle est dans l'être même, à sa naissance. Elle n'est pas causée par le perfectionnement de la raison, par la civilisation, par l'histoire, mais par la nature.

Voilà un grand mot de prononcé. La nature, mère bienfaisante, devient, de par la logique du raisonnement de Leopardi, une marâtre. Au lieu de vouloir « sans aucune espèce de doute la félicité des hommes » ; au lieu d'être « une maîtresse insigne de sagesse dans ses plans », elle est responsable du mal originel. Elle le crée, elle l'entretient, au lieu de le pallier et presque de l'effacer, ainsi que Leopardi l'affirmait tout à l'heure. Doute affreux, puisqu'il tend à ruiner toutes ses hypothèses, et à détruire sa dernière espérance !

Aussi tente-t-il de suprêmes efforts pour se persuader encore que la nature est bonne. Le voilà qui trouve des subtilités de casuiste pour la disculper. Elle n'a pas condamné l'homme au malheur ; elle a seulement mis en lui un pouvoir de changement, un pouvoir d'adaptation aux circonstances, qui le rend le plus « infélicitable » de tous les êtres, c'est-à-dire le plus capable de s'éloigner davantage de son état naturel ; c'est-à-dire de la perfection avec laquelle son état est compatible ; c'est-à-dire du bonheur (V, 62-67).

Mais il sent bien qu'entre le malheur et la capacité de devenir malheureux, la différence n'est pas si grande. On pourrait toujours lui demander pourquoi la nature a donné à notre race un si fâcheux privilège, quand elle le refusait aux autres espèces animales, pour leur plus grand avantage. Singulière marque de sa prédilection, que cette harmonie préétablie entre l'infélicité et l'homme !

Alors il marque mieux notre liberté et notre pouvoir de choix, de façon à rejeter sur nous-même la responsabilité de nos infortunes, et à l'enlever à la nature. Celle-ci, reprend-il, ne met dans l'homme que des dispositions ; et il faut distinguer parmi elles. Les unes sont des dispositions à *pouvoir être*, les autres des dispositions à *être*. Par les secondes, l'homme reste tel que la nature l'a voulu. Par les premières, il peut à son gré ou bien rester tel que la nature l'a voulu, ou bien se dégrader lui-même (V, 349-350).

Si la nature voulait véritablement notre bien, si elle était le pouvoir conscient et favorable que Leopardi veut encore voir en elle, il lui était facile, en vérité, de ne pas nous donner à la fois l'*être* et le *pouvoir être* ! Ces distinctions et ces raffinements sont le fait d'un esprit aux abois. Il doit bientôt reconnaître, étant toujours loyal et sincère, que rien ne prévaut contre le raisonnement qu'il repousse, et qu'il faut cependant qu'il accepte : le malheur se confond avec l'existence ; la nature, source de l'existence, est la source du malheur. Notre misère n'est pas le châtiment mérité de nos erreurs ou de nos fautes ; elle n'est pas l'apanage des temps modernes : elle torture des innocents ; et depuis l'origine de la vie, elle a torturé tous les hommes. Le pessimisme ne peut plus se contenter d'une partie de l'histoire, comme d'un sacrifice qu'on aurait fait pour l'apaiser momentanément. Il veut tout ; il devient cosmique, et va s'étendre à l'univers.

IV

Leopardi conçoit maintenant, jusqu'à l'évidence, le vrai caractère des rapports entre la nature et l'homme. L'homme, d'une part, croit et sent qu'il est créé pour une fin : le bonheur. Et d'autre part, il n'est pas une fin dans l'ordre de la nature. La nature est une force aveugle, peut être une force mauvaise, qui poursuit sa fin, à elle, sans se soucier de celle de l'homme. Ni bonheur, ni malheur, n'existent à ses yeux : elle se contente d'assurer sa propre continuité, par le renouvellement des parties dont elle est composée.

« L'homme (et de même les autres animaux) ne naît pas pour jouir de la vie, mais seulement pour perpétuer la vie, pour la communiquer à d'autres qui lui succèdent, pour la conserver. Ni lui, ni la vie, ni aucun objet de ce monde, n'est proprement pour lui ; et lui au contraire est tout entier pour la vie. Epouvantable, mais vraie proposition et conclusion de toute la métaphysique : l'existence n'est pas pour l'existant, n'a pas pour fin l'existant, ni le bien de l'existant ; même s'il y éprouve quelque bien c'est un pur hasard ; l'existant est pour l'existence, tout pour l'existence ; c'est là sa seule fin réelle » (VII, 98).

Tout ce à quoi il se tenait encore attaché s'écroule alors. Les débris même de ce spiritualisme qu'il avait si âprement défendus contre son propre doute, il doit les abandonner. L'âme est un mot vide de sens ; la nature l'ignore, comme elle ignore le bonheur. De la matière : voilà qui suffit à l'entretien de l'existence. Une décomposition et une recomposition de la matière : voilà la seule loi de l'existence. Nous donnons, dans notre erreur, un sens positif au mot esprit, et dès lors, nous croyons qu'il répond à une idée positive. Mais à mieux considérer les choses, esprit veut dire « ce qui n'est pas la matière » : et nous ne connaissons que la matière. Le spiritualisme se condamne donc lui-même par l'absurde, en déclarant que le principe des choses est ce que nous ne connaissons pas, ce que nous ne pouvons pas connaître, ce qui est sans valeur positive. Pour soutenir de pareilles théories, il faut être « en délire » (VII, 138-139). On doit avoir le courage de dire « la matière pense, la matière sent », bien qu'un Bayle ait reculé devant de telles expressions. Nous ne sommes que des modifications de la matière, utilisées pour quelque obscur travail (VII, 191-193, 234-235). Tout est matière — même l'Etre suprême (VII, 29-30).

Il éprouve les pires angoisses et sent sa raison vaciller, devant la contradiction qui est à la base de la vie humaine. « La fin de l'homme, son bonheur, son bien suprême n'existent pas. Et il cherche, et il cherchera toujours suprêmement, uniquement ces choses, mais il les cherche sans savoir de quelle nature elles sont, en quoi elles consistent, et il ne le saura jamais, parce qu'en réalité ces choses n'existent pas » (VII. 98, 11 Mars, veille du dimanche de la Passion, 1826). Si quelqu'un lui avait dit qu'un même objet peut à la fois être et n'être pas, il l'aurait tenu pour malade. Il faut bien admettre cependant ce qui répugne le plus à notre raison, ce qui viole ses principes jusqu'à la troubler et l'affoler : l'homme à la fois est, et n'est pas (VII, 53). Et l'antinomie ne s'arrête pas là. Il songe que la nature qu'il a sous les yeux n'est elle-même qu'un détail dans un ensemble. Les créatures sont à la terre ce que la terre est à un système plus vaste : et la terre n'existe pas plus, par rapport à ce système, que les créatures par rapport à elle. Ce système, à son tour, n'est pas une fin, mais seulement un moyen dans un ordre de choses plus général. Ainsi son imagination, à travers les espaces illimités, ne rencontre partout que le néant.

Non pas seulement les hommes d'aujourd'hui, mais le genre humain tout entier, sont également voués au malheur; il n'est point de distinction de passé, de présent, ou d'avenir, devant la loi nécessaire. Cette loi inintelligible condamne à l'infélicité non pas seulement le genre humain, mais tous les animaux; non pas seulement les animaux, mais tous les êtres qui participent à quelque degré de la vie. Non pas seulement les individus, mais les espèces, les genres, les règnes, les globes, les systèmes, les mondes.

Entrez au printemps dans un jardin plein d'herbes et de fleurs; vous trouverez partout la souffrance. Cette rose est blessée par le soleil. Ce lys, une abeille l'épuise. Cette plante est attaquée par les fourmis; cette autre, par les chenilles, les mouches, les limaçons. Ici une branche est rompue par le vent, ou par son propre poids; là, la brise déchire une fleur, s'envole en emportant un filament ou une feuille, une partie vivante de tel arbuste ou de tel arbre, arrachée. Le jardinier, avec les ongles, avec le fer, mutile ces membres sensibles. Vous même, vous écrasez les herbes sous vos pieds; vous exprimez leur sang, vous les tuez. Toutes ces victimes continuent à vivre; les unes parce que leurs blessures ne sont pas mortelles; les autres parce que même avec des maladies mortelles, les êtres peuvent durer quelque temps. Mais le jardin est un vaste hôpital; endroit plus effroyable, et de beaucoup, qu'un cimetière. Pour toutes ces plantes qui souffrent, pour toutes les choses au monde, il n'y a qu'un bien véritable, la mort (VII, 106).

Tel est le cri lugubre que Leopardi répète désormais. On croirait l'entendre ; on s'imagine surprendre sa plainte : rien n'étant vrai que le néant, rien n'est bon que l'anéantissement.

V

Le premier mouvement de la sensibilité, quand l'intelligence arrive à de pareils résultats, est de se replier sur elle-même, pour restreindre le champ de la douleur. Il importe d'étouffer les désirs imprudents qui aboutissent à une activité ; il faut fuir la gloire, craindre l'amour, demeurer dans une immobilité peureuse et faire de l'engourdissement la sagesse. Il faut se retirer de la société des hommes, les laisser en proie aux lois de la nature, dans leur ignorance et dans leur folie ; éviter seulement leur haine, qui à tant de maux que nous subissons ajoutent les maux que nous créons. L'art de ne pas souffrir est le seul que Leopardi tâche d'apprendre ; il a renoncé à vivre (Lettre à Jacopssen. *Correspondance*, I, 451).

Mais non. S'il est vrai, comme nous essayons de le montrer, que Leopardi, après avoir lutté contre le pessimisme, ne l'accepte pas sans regret, et n'abandonne jamais l'espoir de trouver contre ces théories désolantes quelque recours, nous devons presque attendre les manifestations d'un cœur courageux.

Il sortira de cette stupeur ; il cherchera de nouvelles raisons de vivre, par un effort dont le *Zibaldone* encore nous montre les traces : soit dans les analyses psychologiques auxquelles il se livre, et qui nous font voir que ses sentiments primitifs ne sont pas morts ; soit dans les fragments des *Mémoires de sa vie* qui veulent raconter ses expériences successives ; soit même dans des morceaux destinés à un *Manuel de philosophie pratique*, qu'il songe à composer pour son propre usage et pour celui des autres : entendant ainsi se soustraire aux spéculations déprimantes, et demander à l'action un remède empirique, mais certain. Au milieu même des formules pessimistes qu'il confie à son journal, ou quand il revient à lui à des intervalles de plus en plus éloignés, apparaissent des pensées moins amères, qui mêlent leur accent stoïque aux lamentations et aux négations.

Le stoïcisme, en effet, est sa première ressource. Ne pas s'affliger, renoncer à la tentation de pleurer son propre malheur, est un procédé pratiquement utile. L'expérience lui montre que chaque fois qu'il a pu se vaincre sur ce point, il a moins souffert (VII, 133). Comme on raisonne les enfants, pour les convaincre que ce qui les effraye n'est pas effrayant : ainsi, enfant malade, il se raisonne lui-même. La douleur physique cède devant la patience ; elle devient tolérable, et vraiment plus légère ; tandis que l'impatience l'aggrave. Qualité négative encore, si l'on veut, que cette résignation ; mais plus virile assurément que les plaintes, et plus belle.

Il serait mieux encore de se délivrer de l'obsession de la souffrance. Pour cela, c'est une erreur que de se limiter à une vie toute intérieure, et que de chercher à échapper aux influences du dehors. Leopardi dénonce cette erreur avec d'autant plus de fermeté qu'il vient

d'y tomber, et qu'il se trouve maintenant désabusé. Le
moindre incident qui troublait le cours ordinaire de ses
jours lui devenait odieux ; il était victime des terreurs
perpétuelles de son imagination (VII, 200). Plus on fuit
les peines, et plus souvent on les rencontre ; quand les
réelles manquent, on s'en crée de fausses. Qu'on sorte
de soi-même, au contraire ; qu'on se propose, de jour
en jour et d'heure en heure, des biens simples et facilement accessibles ; de petits plaisirs, dont il n'est pas
de condition qui soit totalement dépourvue. Le tout est
de savoir s'en contenter, et d'en former la trame de sa
vie ; le devoir du philosophe est de recommander cette
pratique, capable de rendre heureux (VII, 189). Qu'on
se livre aux occupations extérieures ; qu'on marche
résolument vers un but. Ainsi l'on tiendra l'âme occupée ; et si on arrive à se persuader que la fin est importante, qu'elle vaut la peine d'être vivement recherchée,
qu'elle est grande et qu'elle est belle, on ne sera pas
loin d'oublier la douleur (VII, 455).

Ces préoccupations montrent la volonté persistante de
reconstruire une morale. Il semble que l'effet du désespoir sur Leopardi, une fois traversée la période d'abat-
tement, soit de le rapprocher de ses semblables, pour
leur conseiller de lutter d'une âme commune contre
l'adversité. Il n'a jamais mieux apprécié la valeur de
l'amitié ; bien loin de la considérer, ainsi qu'autrefois,
comme infiniment rare et presque surhumaine, il mettra
dans son manuel de philosophie pratique, dans son
« Galatée moral », qu'elle se trouve effectivement dans
le monde, sincère et cordiale, et qu'elle est moins difficile

à rencontrer qu'on ne croit d'ordinaire (VII, 459). Il donnera son propre exemple : comment il a conservé des rapports d'amitié avec des personnes de caractère très difficile, parce qu'il ne s'est jamais offensé de niaiseries et de futilités ; il n'a tenu compte que des intentions arrêtées de le blesser : cas qui ne s'est presque jamais présenté. A la façon dont les hommes en usent entre eux, on dirait qu'ils ne nouent leurs amitiés que pour les rompre. Mieux vaudrait pratiquer l'indulgence et la bonté.

L'étude de la compassion est une de celles qui le retiennent le plus longuement. Il oscille entre le désir d'en faire une vertu réelle, et celui de la réduire à une forme de l'égoïsme. A sa théorie de l'égoïsme même, il apporte des tempéraments. L'égoïsme est différent, dit-il, de l'amour-propre. L'amour-propre est une puissance nécessaire à la vie, qui se confond avec la conservation de l'être : tandis que l'égoïsme est une force dépravée, qui se refuse à travailler pour autrui en quelque circonstance que ce soit, et se prend elle-même comme fin exclusive. Le souci des autres hommes ne lui est donc pas étranger. Il estime qu'on peut se faire une place parmi eux, sans devenir nécessairement leur victime, ainsi qu'il le professait lorsqu'il considérait la société en théoricien, et non pas en philosophe pratique. Pour vivre tranquille dans la foule, nous ne devons pas seulement nous abstenir d'offenser qui ne nous offense pas ; nous devons faire en sorte que les autres n'aient pas l'occasion de nous offenser. Au reste, quand on a vraiment envie de vivre tranquille, on y arrive assez facilement (VII, 382). Bien plus ! l'estime d'autrui lui paraît entrer comme un ingré-

dient nécessaire dans la formule du bonheur qu'il va
recherchant. Celui à qui elle manque ne s'estime pas lui-
même ; et dès lors, il ne peut éprouver aucun plaisir.
(VII, 372).

Qu'ils sont malheureux, ces pauvres êtres condamnés
comme lui à traîner le fardeau de la vie ! Si vils qu'ils
soient, et si coupables, ils ont au moins l'excuse de leur
misère. Plutôt que de dénoncer leurs crimes avec colère,
ne vaudrait-il pas mieux plaindre leurs maux ? Ne vaudrait-il pas mieux conclure avec eux une sorte d'alliance ;
et les unir tous contre la véritable ennemie, la cruelle,
l'injuste, l'aveugle nature ? Ils seraient transfigurés, s'ils
prenaient devant elle une attitude de défi ; s'ils trouvaient
beauté et grandeur dans le courage de la braver. Ainsi
la pensée de Leopardi, arrivant à son terme, se fait plus
humaine. Il se justifie par elle des reproches qu'on lui
adresse, et de ceux qu'il s'adresse à lui-même :

« Ma philosophie, non seulement ne conduit pas à la
misanthropie, comme il peut sembler à qui la regarde
superficiellement, et comme beaucoup l'en accusent ; mais
par son caractère même, elle exclut la misanthropie ; par
son caractère même, elle tend à éteindre cette haine que
tant de gens portent à leurs semblables, à cause du mal
que justement ou injustement ils reçoivent des autres
hommes. Ma philosophie fait de la nature la grande coupable ; et disculpant totalement les hommes, elle tourne
la haine, ou du moins les plaintes, contre un principe
plus haut, origine véritable des maux des vivants » (VII,
361-362).

Ainsi Leopardi ne reste pas abattu. Ce désespéré, par un effort de sa volonté tenace, cherche à devenir un stoïque ; et son stoïcisme se nuance de douceur et d'amour. Il retrouve sa propre noblesse, en retrouvant les titres des hommes, ses frères. Il parle au nom de tous, et se dresse en accusateur devant les forces qui les accablent. Sa grandeur vient de ce qu'il prend sur lui le poids de la misère humaine, et ne veut pas plier. S'il nous fallait choisir dans le *Zibaldone* la pensée qui s'applique le mieux à son cas, nous nous arrêterions à celle qu'il a recopiée en grands caractères, comme pour marquer qu'il en voulait faire sa devise, bien avant qu'il eût poussé son pessimisme jusqu'à ses dernières conséquences. Il l'écrivit le jour où il trouva chez l'abbé Barthélemy l'éloge de la grande âme d'Eschyle :

« Ses héros aiment mieux être écrasés par la foudre que de faire une bassesse, ET LEUR COURAGE EST PLUS INFLEXIBLE QUE LA LOI FATALE DE LA NÉCESSITÉ » (I, 322).

VI

Si nous passons maintenant à l'expression publique et littéraire de sa pensée, il est certain que les *Operette morali*[1] apparaissent, dans leur ensemble, comme décon-

---

[1] Dès 1820, il avait conçu le projet d'écrire « de petites proses satiriques, comme pour se venger du monde, et presque de la vertu »; en 1821, il parle de « petits dialogues satiriques, à la manière de Lucien ». Il les compose pour la plupart au cours de l'année 1824. Trois sont publiés en 1826, à titre d'échantillon, dans l'*Antologia* de Florence, et repris dans le *Ricoglitore* de Milan ; l'éditeur Stella les imprime enfin en 1827. L'édition Piatti (1834) comprend pour la première fois les Dialogues de *Tristan et d'un ami*, et du *Marchand d'Almanachs et le Passant*, écrits en 1832 ; l'édition

certantes et troublantes. Leopardi ne doute plus, n'admet
même plus la discussion ; il parle, en général, comme s'il
s'agissait de faits si évidents, qu'ils ne peuvent soulever la
moindre objection ; de vérités définitivement établies.
Sans prendre la peine de grouper les histoires et les dialogues qui composent l'ouvrage de façon à donner à l'ensemble l'apparence d'un système suivi, il répète que la
vie est mauvaise ; que l'égoïsme étouffe toute vertu au
monde ; que l'homme est misérable ; que les esprits les
plus grands sont ceux qui souffrent le plus ; et qu'il n'y
a de repos que dans la mort. Il est l'apôtre du doute
et du néant.

Aussi s'acharne-t-il à nier. Son style même, tendu,
fort jusqu'à paraître, à de certains moments, forcé, a
des allures implacables.

Dans les dialogues, les interlocuteurs renchérissent
l'un sur l'autre ; ou s'ils sont en opposition, c'est pour
s'accorder à la fin, et donner à la conclusion plus de
force. Dans les histoires, et dans les scènes, l'analyse
gagne de proche en proche, patiemment, méthodique-
ment : qu'on relise le dialogue où Parini discute sur la
gloire, pour voir avec quel acharnement cette analyse
détruit les arguments qu'on peut fournir en faveur de ce
dernier fantôme. Ce fait même que les différentes pièces
n'ont pas d'autre lien entre elles que l'unité de la pensée
et la répétition du détail, permet à l'auteur de recommen-

de Naples (1835) resta inachevée : l'édition Lemonnier (1845)
comprend pour la première fois le *Fragment apocryphe de Straton
de Lampsaque, Copernic, le Dialogue de Plotin et de Porphyre*,
écrits le premier en 1825, les deux autres en 1827.

cer chaque fois son attaque, et de marquer davantage son invincible obstination. Cette volonté féroce d'aller au fond des choses, de dénoncer tous les mensonges, de dévoiler toutes les erreurs, de déraciner toutes les croyances, finit par faire peur ; elle n'agit pas seulement sur l'esprit, mais sur les nerfs, et provoque un malaise physique. Vous voudriez réfuter ce raisonnement impitoyable ; et vous ne pouvez, parce que toutes les objections qu'on peut lui opposer sont prévues, et bientôt réduites à néant. Vous espérez qu'il s'arrêtera avant de détruire les idées qui vous sont les plus chères, que vous cachez au fond de vous-même, et qui ont réussi à écarter les doutes qui déjà se sont présentés à vous. C'est en vain. Il connaît ces retraites, pour les avoir rencontrées déjà, et pour les avoir forcées : dans l'âme de Leopardi lui-même. Au prix de celles qu'il a déjà vaincues, les résistances qu'il rencontre chez les autres ne sont plus qu'un jeu.

En même temps qu'elles prennent plaisir à nous troubler ainsi, les *Operette morali* nous convient aux fêtes de la plus surprenante, de la plus éblouissante imagination. Elles ne renferment pas d'idées qui n'aient pris un vêtement, et comme un masque ; pas de théorie qui ne soit devenue histoire, conte, vision, hallucination. Ces pages si denses sont pleines d'une fantaisie qui étonne et éblouit. On est transporté sur le bateau de Christophe Colomb ; dans la prison du Tasse ; dans les palais du soleil ; dans les enfers, près des démons jadis évoqués par Dante ; on voit Hercule et Atlas jouer à la balle avec le monde ; on assiste à la séance d'une

Académie, qui propose gravement des prix pour qui
créera les automates de la vertu ; on entend la voix
menue de la mode, qu'on a peine à saisir, tant elle parle
vite et tant elle parle mal ; ou le chœur des momies, dans
le cabinet d'un collectionneur hollandais. Surgissent des
mythes, comme ce Coq qui annonce la souffrance quand
paraît l'Aurore, et qui a les pattes sur la terre, la crète
dans le ciel ; comme la Nature, femme gigantesque, qui
s'appuie nonchalamment sur une montagne : elle a les
yeux et les cheveux très noirs ; et sa physionomie tient
le milieu entre le beau et le terrible. L'antiquité et les
temps modernes, la terre et les astres, les lutins et les
farfadets, le réel et le fantastique, les sages et les fous,
tout se mêle, tout se heurte, tout se bouscule. L'imagination se fait poétique ; elle peint le moment où Jupiter,
pour charmer les hommes, a rendu le jour plus lumineux,
a donné les couleurs au ciel et aux campagnes, a creusé
les gouffres et a suscité les montagnes, a semé les étoiles
dans la nuit ; elle décrit l'Amour, fils de la Vertu céleste ;
elle s'attarde à suivre dans les airs le vol des oiseaux,
dont la grâce et le charme n'ont jamais été plus vivement
sentis ; elle s'amplifie jusqu'à évoquer le spectacle d'un
monde désert et magnifique, d'où les créatures ont disparu, mais qui continue à vivre de la multiple vie des
eaux, des nuages, des clartés ; elle se fait tragique, pour
réunir dans une seule vision les aspects de la mort :
dans tous les cimetières ; dans toutes les tombes ; au
fond de la mer ; sous le sable et sous les neiges ; à ciel
ouvert ; partout, lorsque sonne minuit, la foule innom-
brable des cadavres se met à chanter.

Souvent le burlesque s'allie au tragique. Dans l'ironie léopardienne entre une part de bouffonnerie, mais de bouffonnerie qui vise toujours un principe essentiel. L'écrivain ne s'applique pas à tourner en ridicule les menus travers dont chacun ferait aisément le sacrifice : ce qu'il accable de son mépris, ce sont les croyances vitales et les institutions premières. Sous l'Olympe de fantaisie qu'il met en scène, nous reconnaissons aisément la religion. Il ne parle pas de l'Etat : il préfère bafouer les rois de royaumes imaginaires. Traiter sur un ton sérieux les questions politiques, ce serait déjà leur donner trop d'importance. Tout en poursuivant sa démonstration, et sans jamais perdre de vue l'idée centrale de son discours, il abonde en saillies : toutes portent. Il dit que la mort est presque sourde, parce qu'elle n'a pas d'oreilles ; qu'elle voit à peine, parce qu'elle n'a pas d'yeux dans les orbites ; et qu'elle ne peut pas mettre de lunettes, parce qu'elle n'a pas de nez : c'est pour nous montrer sous ce symbole caricatural la loi de l'anéantissement de l'être. Il rappelle le mot d'un philosophe ancien, qui disait que la Providence, voulant conserver les porcs pour les besoins de l'homme, avait mis en eux une âme au lieu de sel : c'est qu'il veut railler à la fois le spiritualisme et l'optimisme. L'érudition, en effet, lui fournit mille exemples de la bêtise humaine, et il les utilise de la façon la plus imprévue dans le détail. Lorsque le monde tombe des mains maladroites d'Atlas, celui-ci a peur que la boule n'ait reçu quelque écorniflure, ou qu'un morceau de terre, royaume ou continent, n'ait sauté. Mais rien ne bouge. Concluons, dit Hercule — qui vient de remarquer que

de son temps, les hommes combattaient avec les lions,
tandis qu'aujourd'hui, ils ne s'en prennent plus qu'aux
puces ; — concluons que tous les hommes sont devenus
sages ; puisque d'après l'un de leurs poètes, nommé
Horace, le monde pouvait tomber sans que le sage s'émût.

On peut presque saisir le mécanisme de cette ironie.
Soit cette idée, que l'homme est infiniment malheureux,
dans tous les temps et dans tous les pays, à tous les degrés
de la civilisation. Comment Leopardi va-t-il la travestir ?
Il prendra les choses de très loin. Il faut qu'il trouve des
images, pour qu'il rende la vérité sensible aux yeux des
lecteurs ; des images inattendues, pour les frapper et
pour les retenir ; des images bouffonnes, et au moment
où la bouffonnerie éclatera, des visions funèbres qui
s'y mêleront intimement. Il choisira le symbole qui
est souvent adopté pour traduire les efforts et les progrès de l'homme, Prométhée ; il ne se contentera pas
de le bafouer ; il mettra Prométhée en contradiction
avec lui-même, dans autant de circonstances qu'il le
faudra pour que sa démonstration par l'absurde ait toutes
les apparences de la réalité et de la généralité. Un pari
donnera de l'intérêt à l'action, et en même temps per-
mettra de multiplier les détails grotesques. — Dans la cité
d'Hypernéphélé, les Muses ouvrent un concours, et pro-
mettent une couronne de laurier à celui qui aura le mérite
de l'invention la plus utile. Les dieux veulent donner le
prix à Bacchus, à cause du vin ; à Minerve, à cause de
l'huile ; à Vulcain, à cause d'une marmite économique
qu'il vient de trouver. — On sent ici la valeur du détail :
c'est tout l'Olympe qui est avili ; et aussi la gloire ; et

aussi les inventions dont l'homme s'enorgueillit. — Mais
aucun des dieux ne veut de la couronne, parce que Bacchus préfère sa mitre, Minerve, son casque; et qu'elle
gênerait Vulcain quand il forge. Prométhée a envoyé
au concours le modèle de l'homme, désirant la couronne
de lauriers soit parce qu'il devient chauve, soit parce
qu'il espère, comme Tibère, qu'elle le préservera de la
foudre. — Ici nous arrivons à l'essentiel; Prométhée
entre en scène : il est ridicule avant d'avoir parlé. — Il
s'indigne de ce qu'on ne lui ait pas donné le prix au
concours; il parie avec Momus que l'homme, son ouvrage, est parfait; et tous deux partent de continent
en continent pour faire l'épreuve. Ils parcourent, en
Afrique, d'immenses espaces vides d'hommes : Prométhée explique à Momus, incrédule et chargé de représenter le bon sens, qu'il faut en attribuer la cause
à la sécheresse, quand on voit des forêts toutes trempées
d'eau; aux inondations, quand on ne voit pas de mer;
aux tremblements de terre qui ont arrêté la vie, quand
cent espèces d'animaux se présentent aux yeux des voyageurs. Tout cela, c'est l'absurde, accumulé, multiplié,
grossi. Brusquement éclate le tragique, avec l'apparition
des hommes, qu'on finit par découvrir, dans un village
minuscule perdu au milieu d'une vallée immense. Ils sont
occupés autour d'un grand feu ; Prométhée interroge
celui d'entre eux qui semble être le chef.

Prométhée. — Que faites-vous ?
Le Sauvage. — Nous mangeons, comme vous voyez.
Prométhée. — Qu'avez-vous de bon ?

Le Sauvage. — Ce petit morceau de viande.

Prométhée. — Viande domestique ou sauvage ?

Le Sauvage. — Domestique : c'est même celle de mon fils.

Prométhée. — As-tu pour fils un veau comme autrefois Pasiphaé ?

Le Sauvage. — Non pas un veau, mais un homme comme tout le monde.

Prométhée. — As-tu ton bon sens ? C'est ta propre chair que tu oses manger ?

Le Sauvage. — Ma propre chair, non ; mais bien la sienne ; car c'est pour ce seul usage que je l'ai mis au monde et que j'ai pris soin de le nourrir.

Prométhée. — Pour l'usage de le manger ?

Le Sauvage. — Quoi d'étonnant ? Sa mère aussi, comme elle ne doit plus être bonne à faire d'autre fils, je compte la manger bientôt.

Momus. — Comme on mange la poule après avoir mangé les œufs.

Le Sauvage. — Et les autres femmes que je garde, à peine seront-elles incapables d'enfanter, que je les mangerai de même. Et ces esclaves que vous voyez, je les garderais vivants, peut-être, si ce n'était pour avoir de temps en temps leurs fils, et les manger ? A peine seront-ils vieux, que je les mangerai, eux aussi, un à un, si je vis.

Prométhée. — Dis-moi : ces esclaves sont-ils de ta nation même ou d'une autre ?

Le Sauvage. — D'une autre.

Prométhée. — Très loin d'ici ?

Le Sauvage. — Très loin. C'est au point qu'entre leurs

maisons et les nôtres, il y avait le cours d'un ruisseau.

Prométhée se hâte de partir ; sans se laisser persuader par Momus, qui veut, lui, démontrer que l'homme, loin d'être le plus parfait de tous les animaux, est le plus imparfait, il passe aux Indes ; et s'arrêtant, il voit qu'on va brûler vivante une jeune femme parce que son mari vient de mourir. Alors il gagne le pays qui passe pour le modèle de la civilisation, l'Angleterre. Un attroupement devant une maison de Londres attire son attention ; il entre, et trouve les cadavres d'un homme et de deux enfants.

Prométhée. — Qui sont ces malheureux ?

Un domestique. — Mon maître et ses fils.

Prométhée. — Qui les a tués ?

Le domestique. — Mon maître, tous les trois.

Prométhée. — Tu veux dire qu'il a tué ses fils, et lui-même ?

Le domestique. — Précisément.

Prométhée. — L'étrange chose ! Il faut qu'un grand malheur lui soit arrivé.

Le domestique. — Aucun, que je sache.

Prométhée. — Mais peut-être était-il pauvre ; ou mé-prisé de tous ; ou malheureux en amour ; ou mal en cour ?

Le domestique. — Au contraire, il était très riche et je crois que tous l'estimaient ; l'amour était le moindre de ses soucis ; et à la cour il était fort en faveur.

Prométhée. — Alors, comment en est-il venu à un tel désespoir ?

Le domestique. — C'est le dégoût de la vie, ainsi qu'il l'a écrit dans son testament.

Prométhée. — Et les juges que voici, que font-ils ?

Le domestique. — Ils s'informent, pour savoir si mon maître était fou ou non. Dans le cas où il n'aurait pas été fou, sa fortune revient au public de par la loi ; et en vérité, elle lui reviendra sûrement.

Prométhée. — Mais, dis-moi, il n'avait aucun ami, aucun parent, auxquels il pût recommander ces petits enfants, au lieu de les tuer ?

Le domestique. — Mais si. il en avait ; et entre autres, un ami intime auquel il a recommandé son chien.

La démonstration est achevée. Dans ce Prométhée plein de bonne volonté et de sottise, qui persiste à croire au progrès et qui doit se déclarer vaincu à la fin, devant l'évidence des faits — n'est-ce pas nous-mêmes que nous reconnaissons ? L'ironie n'a pas la subtilité de celle de Voltaire, encore qu'elle lui ressemble quelquefois ; elle a toute l'âpreté de celle de Swift.

Pourtant, cette tristesse amère n'est pas uniforme. A les regarder de près, les *Operette morali* comportent des degrés dans le pessimisme. Quelques-unes des pièces qu'elles contiennent professent le pessimisme absolu : d'autres s'en tiennent au pessimisme relatif. Dans l'*Histoire du genre humain*, par exemple, Leopardi montre que la civilisation a corrompu l'espèce par les progrès de la raison : mais à l'origine, l'homme n'était pas malheureux. De même qu'il a peine à se détacher du Paradis terrestre qu'il entrevoit toujours aux commencements du monde, de même, il ne peut pas non plus abandonner tout à fait la théorie des illusions. Le Tasse, qu'il met en scène, est consolé par elles dans sa prison ; et Christophe Colomb partant pour l'Amérique déclare qu'elles sont le ressort des grandes âmes. Le stoïcisme que nous avons noté dans le *Zibaldone* apparaît aussi, au moins par endroits; entre autres, le *Dialogue de Tristan et d'un ami* professe que la philosophie pessimiste n'est pas une école de misanthropie, mais bien plutôt de courage.

Déjà ces hésitations dénoncent un système moins arrêté, et moins sûr de lui-même qu'il ne semblerait au premier abord. Il y en a d'un autre genre.

La gloire, théoriquement, est abattue : pratiquement, elle est louée en plus d'un passage comme étant le but le plus noble de la vie. L'amour est une illusion : ceci n'empêche pas que l'homme ne lui prête une douceur infinie, et le philosophe une valeur. L'existence est une comédie : mais il vaut mieux y être applaudi que sifflé. Le suicide est légitime : mais les liens du sang et de l'amitié, la voix de la nature primitive, et encore cette patience qui conseille au malheureux d'attendre la fin de ses jours, peuvent suffire à en détourner. De toutes ces contradictions, qu'on s'arrête encore à la plus évidente : à savoir qu'ayant nié toute moralité, Leopardi devrait conseiller le vice; et qu'il reste fidèle, au contraire, à la plus haute vertu. Autant de preuves que le combat intérieur n'est pas fini.

Songeons aussi aux interrogations passionnées que l'on rencontre parfois à côté des passages où triomphe l'ironie. « Dis-moi ce qu'aucun philosophe ne sait me dire : à qui plaît, à qui sert cette vie infortunée de l'univers conservée par le malheur et par la mort de tout ce qui le compose ? » — Songeons à la colère qui prend

l'écrivain, quand il rappelle que Platon a mis dans l'âme
la crainte de l'au-delà ; et qu'ainsi ce philosophe a effrayé
les méchants sans être utile aux bons : comme si Leopardi
n'était pas bien sûr lui-même du matérialisme qu'il affirme
et comme si son irritation venait du doute qu'il ne peut
étouffer en lui. Il s'excuse de son ironie ; il plaide les
circonstances atténuantes ; on dirait qu'il demande pardon. Sa personnalité, qu'il veut dissimuler au public,
transparaît dans le *Dialogue de la Nature et de l'Islandais*,
où il fait comprendre qu'il parle non pas en dilettante
du mal mais en victime ; et davantage encore dans le *Dialogue de la Nature et d'une Ame* ; et enfin dans les *Dicts
mémorables de Filippo Ottonieri*. Ecoutons-le, quand il
prend la peine de nous expliquer pourquoi il a été réduit
à employer ce ton de raillerie qui fait mal : Socrate, né
avec une belle âme et partant avec des dispositions très
grandes à aimer, apprit par l'expérience à désespérer de
connaître une autre affection que celle de l'amitié, à cause
de sa laideur. A cause de sa laideur aussi, il ne put,
encore qu'il le désirât de toute son âme, dépenser son activité au service des affaires publiques ; car il aurait paru
ridicule aux yeux d'un peuple toujours disposé à railler.
Ainsi, dans une cité libre et pleine de bruits, de passions, de travaux, Socrate, pauvre, repoussé par l'amour,
repoussé par sa patrie, se mit à raisonner subtilement
sur les actions et sur les coutumes de ses concitoyens ;
il mêla à ses dires une certaine ironie, comme il devait
arriver naturellement à celui qui se trouvait empêché
d'avoir part à la vie....

Il y a plus. Les *Operette morali* contiennent leur propre
défense dans une profession de foi solennelle :

Aux attaques de Timandre — pourquoi ces doctrines désolantes, qui, répandues parmi les hommes, vont les réduire au désespoir ; pourquoi tant de haine ; pourquoi ce rire insultant ? — Éléandre répond. En premier lieu, le pessimisme de Leopardi n'est pas l'affirmation égoïste de son malheur particulier ; mais il vient de l'évidence du malheur général. En second lieu, il ne déteste pas les hommes. Il est vrai qu'il ne les aime pas ; mais il est tout aussi vrai que s'il pouvait être de quelque utilité à leur espèce, il n'hésiterait pas à travailler pour eux, avec joie. En troisième lieu, c'est le souci d'exprimer la vérité, même désolante, parce qu'elle est la vérité, qui le force à parler ; s'il parle avec ironie, c'est parce qu'il aime mieux rire du mal que d'en pleurer. « Je ne cherche pas tant, dans mes écrits, à mordre les hommes, qu'à me plaindre du malheur. » Par une telle phrase et par l'exemple de sentiments analogues, nous reconnaissons le Leopardi du *Zibaldone*. Certes, il a pris pour le public une autre attitude, et il semble ricaner. Mais l'angoisse que nous a révélée le travail de sa pensée intime se trahit comme malgré lui.

A la théorie du néant, à l'ironie déprimante, joignons donc le sentiment de la solidarité humaine contre le sort ; sachons entendre les sanglots, même étouffés ; et mêlant tous ces caractères, apprécions cette œuvre admirable, d'une si puissante originalité. Car il y en a de plus riches ; et de plus consolantes et de plus accommodées à notre faiblesse. Mais celle-ci a tant de vigueur, tant de dédain pour ce qui est vulgaire ou banal ou seulement ordinaire, qu'elle entre dans l'aristocratie des productions de l'esprit.

CHAPITRE V

LE LYRISME ET L'ART

I

On rapporte que Manzoni, conseillant à un étranger la lecture des *Operette morali*, lui disait que l'Italie contemporaine ne comptait aucune prose qui fût aussi parfaite. Ce jugement peut être contesté : mais il est incontestable que la poésie du xixe siècle n'offre rien de supérieur aux *Canti*. Ils sont au nombre de ces œuvres puissantes et belles qui font l'honneur d'un pays d'abord, ensuite de l'humanité.

L'œuvre est belle et puissante, par sa densité plutôt que par son abondance. Leopardi n'est comparable en aucune façon à un ouvrier d'art tel que Victor Hugo, toujours prêt à écrire ; il est très loin d'avoir la facilité de Lamartine ou la verve de Musset : Vigny même aurait sur lui l'avantage. Songeons que toute son œuvre de prose tient en quatre cents pages, et tous ses vers en trois cents, à compter ce qu'il a jugé digne d'être présenté au public.

Il n'a rien du poète de profession, qui s'accommode de tout sujet et que toute occasion tente. Ce même homme qui n'a qu'à noter les réflexions de son esprit en travail pour remplir des volumes, avec une aisance presque dérisoire, se trouve fort dépourvu s'il veut composer des vers. Il faut qu'il attende l'inspiration, comme la Sibylle attendait le dieu. Souvent il a tenté d'écrire des pièces de circonstance : il n'a pas pu ; il s'est rendu compte qu'il était rebelle à ce genre d'exercice. Quand vient l'accès, au contraire, il voit tout d'un coup et l'idée générale du poème et la disposition des parties. Cette frénésie, comme il l'appelle, ne dure que quelques minutes : il se hâte d'écrire, sous la dictée de la voix mystérieuse qui parle alors en lui-même ; il ne prend pas le temps de construire logiquement ses phrases, ni de les terminer ; il se contente d'indiquer, fébrilement, l'amorce des développements futurs ; ainsi aidée, sa mémoire saura retrouver ce qui lui est apparu pendant la crise. Puis il laisse reposer le brouillon ; il est forcé d'attendre encore ; et cette attente peut durer plusieurs mois. Alors seulement la forme métrique apparaît ; il l'élabore lentement. Faute de cette seconde inspiration, le thème initial reste inutilisé. De là l'originalité d'une pensée qui surgit toujours du plus profond de l'être ; de là l'appropriation parfaite de la forme aux idées ; de là un art d'une exceptionnelle probité, qui commande, avec l'admiration, le respect.

Le trésor, qui comprend trente-neuf pièces, plus deux brèves traductions de Simonide, s'est donc formé peu à peu, sans loi de succession régulière ; quarante et une pièces en vingt ans, c'est tout dire. Nous avons vu qu'au moment de sa crise morale, la poésie naquit en lui avant la philosophie : l'*Approche de la mort* (1816). *Le premier amour* (1817), une autre élégie amoureuse dont le poète n'a plus voulu garder par la suite qu'un *Fragment*, les Canzoni *A l'Italie* et *Sur le monument de Dante* (1818) furent le point de départ. Les autres suivirent, aux moments les plus divers de la vie.

L'année 1819, où il porte le deuil de ses illusions, et où sa santé est si ébranlée qu'il se croit sans cesse à la veille de la mort, est marquée par la composition des idylles : *L'Epouvante nocturne, l'Infini, A la lune* ; suivent, en 1820, *Le soir du jour de fête*; en 1821, *La vie solitaire* et *Le Songe*[1]. Seule, l'Epouvante nocturne — dont il ne gardera d'ailleurs qu'une partie — répond à l'idée que nous nous faisons du genre, en reproduisant le dialogue de deux bergers. Les autres peignent bien la vie champêtre ; mais à vrai dire, la description sert de

---

[1] Nous adoptons ici, au lieu de l'ordre traditionnel, l'ordre ingénieux proposé par M. G.-A. Levi, dans ses *Note di cronologia leopardiana*. (Giornale storico, 1909).
Les Canzoni *A l'Italie* et *Sur le Monument de Dante* furent imprimées à Rome en 1818: la pièce *A Angelo Mai*, à Bologne en 1820; elles parurent de nouveau, avec les Nuove Canzoni, à Bologne, en 1824. Les Idylles et l'Epître au comte Pepoli furent également publiées à Bologne en 1826. L'édition de Florence, en 1831, comprenait vingt-trois pièces ; celle de Naples, en 1835, onze de plus. Les Canti ne furent au complet que dans l'édition de 1845. — L'ordre dans lequel Leopardi a soumis ses compositions aux lecteurs n'est pas rigoureusement chronologique ; artiste jusque dans le souci du détail, il a évité autant que possible les contrastes trop brusques, et aussi la monotonie ; il a constitué des unités de groupement, et a mis de la variété dans l'ordre. Tel le peintre qui demande qu'on regarde son tableau sous le jour que lui-même a choisi.

point de départ aux réflexions du poète, qui transforme l'idylle en élégie.

Entre temps, une grande nouvelle lui a donné la secousse dont il a besoin pour écrire ; il a appris qu'Angelo Mai avait retrouvé le traité de la République de Cicéron : très ému, il compose la Canzone *A Angelo Mai* (1820).

Que de choses il voudrait faire ! Le lyrisme, la satire, l'éloquence poétique, tout, suivant lui, a besoin d'être renouvelé en Italie ; il estime qu'aucun genre n'a su s'adapter aux exigences des temps modernes. Il esquisse un chant sur la Grèce, dont nous avons le premier jet en prose, au moment où l'opinion européenne prodigue les marques d'intérêt « à la maîtresse des sciences, des arts et des lettres..... Enthousiasme de sympathie et de gratitude ». Il commence des pièces de théâtre ; une *Marie-Antoinette*, dès 1816 ; plus tard, une *Iphigénie* ; une *Herminie*, tragédie héroïque, que quelques fragments en prose et quelques vers ne nous permettent pas d'apprécier suffisamment ; une *Telesilla*, dont nous possédons quelques morceaux, et une scène achevée qui est exquise. Il ne caresse pas moins de six projets à la fois : une vie du général Kosciuzko, sujet de prix proposé par l'Académie de Varsovie, et qu'il traiterait dans un esprit patriotique ; un roman historique dans le genre de la Cyropédie ; des dialogues satiriques ; un Discours sur la condition présente des lettres italiennes, examen de conscience national ; un poème didactique sur les forêts ; une série de Vies des capitaines et des citoyens italiens les plus illustres, sur le modèle de Plutarque. A un autre moment, il

trace le plan d'un discours sur les hymnes et sur la poésie
chrétienne : il chanterait le Rédempteur, Marie, les
Anges, les Patriarches, Moïse, les Prophètes, les Apô-
tres, les Martyrs, les Solitaires. « A Marie. Il est vrai
que nous sommes tous criminels ; mais nous n'en jouis-
sons pas ; nous sommes si malheureux ! Il est vrai que
cette vie et ces maux sont courts, et ne sont rien ; mais
nous aussi nous sommes petits, et pour nous ils sont
longs et insupportables. Toi qui es grande et sûre, aie
pitié de tant de misères, etc... »

Mais tout cela n'aboutit pas. Arrivent seulement à
maturité les *Nuove Canzoni : Pour les noces de ma sœur
Pauline ; A un vainqueur au jeu de ballon ; Brutus minor*
(1821); *Au printemps, ou des Fables antiques ; Le dernier chant de Sapho ; Hymne aux patriarches* (1822) : ce
dernier procédant en quelque mesure de ses projets
d'hymnes chrétiens. La veine se tarit en 1823 : *A Celle
qu'il aime* ; et les deux morceaux de Simonide. A travers
des sujets si différents, un même sentiment pessimiste
anime les Nuove Canzoni.

Trois ans se passent. En 1826, il lit à l'Académie de
Bologne une épître en vers, *Au comte Carlo Pepoli*,
moins originale peut-être que les œuvres précédentes,
bien que d'intention plus paradoxale, puisqu'elle tend à
persuader que tous les travaux qui ne viennent pas d'une
activité supérieure de l'esprit doivent s'appeler loisirs.
Deux ans se passent encore, pendant lesquels nous
n'avons qu'une *Imitation* de la pièce célèbre d'Arnaud
sur la feuille morte.

A Pise le poète se sent revivre. Il est surpris de voir

que son âme n'est pas desséchée, ainsi qu'il le croyait. La petite pièce intitulée *Badinage* est le prélude de chants plus harmonieux : *La Résurrection*; *A Sylvie* (1828), qui passe avec raison pour un des plus beaux qu'il ait écrits. Le retour à Recanati n'étouffe pas l'inspiration; les souvenirs qui se présentent à son âme lui fournissent de nouveaux thèmes : *Le passereau solitaire*; *Les souvenirs*; *Le repos après la tempête*; *Le samedi au village*; *Chant nocturne d'un pasteur errant de l'Asie* (1829).

Beaucoup de projets encore, d'ordre philosophique et philologique : *Traité de la nature des hommes et des choses*; *Histoire d'une âme*; *Caractères moraux*; *Paradoxes*; *Leçons, ou Cours, ou Science du bons sens*; *Parallèle des cinq langues, grecque, latine, italienne, française, espagnole*; *Dialogues entre ma personnalité d'autrefois et celle d'aujourd'hui*; *Vie de Pierre II, Pape*. — Mais aucune poésie, jusqu'au moment de l'amour florentin. Leopardi écrit alors *La pensée dominante*; *Amour et Mort* (1832); *Consalvo*; *A lui-même* (1833). Il traduit l'exaltation de la passion; puis le désespoir; puis le dégoût. C'est le moment où il conçoit l'idée et le plan d'un hymne triomphal à Arimane, dieu du mal.

Appartiennent enfin à la période napolitaine : *Aspasie*; *Sur un bas-relief d'un tombeau antique*; *Sur le portrait d'une belle femme, gravé sur son tombeau*; *Palinodie, au marquis Gino Capponi*; et les pièces qu'inspirent la philosophie dernière et les dernières visions du poète : *Le genêt, ou la fleur du désert* (1836); *Le coucher de la lune* (1836-1837). Sa main tremblante ne pouvait plus tenir la plume; c'est Ranieri qui écrivait.

Cette présentation n'est pas inutile. Il y a des recueils qu'on peut feuilleter au hasard ; on goûte facilement le charme de toutes les pièces, parce que toutes se livrent du premier coup. La haute jouissance intellectuelle que procure la lecture des *Canti* doit s'acheter par plus d'effort ; elle veut quelque attention et quelque recueillement. Chaque poésie est le moment d'une vie, et comme le lambeau d'une âme. La place et l'heure, tout importe ici.

Maintenant, quelles variations ces vers apportent-ils aux thèmes éternels, celui de la nature, celui de l'amour, celui de la mort ? Et pouvons-nous saisir, tout étrangers que nous sommes, l'essentiel de leur originalité ?

II

Ce n'est pas en vain que Leopardi a connu de près la vie champêtre, dans une petite ville qui n'est qu'un gros village ; et qu'attentif à saisir les bruits de la vie, un des premiers qu'il perçut fut la chanson du paysan passant sous sa fenêtre :

> Io benedico chi t'ha fatto l'occhi,
> Che te l'ha fatti tanto 'nnamorati.

> (*Zibaldone*, I, 119).

Tout occupé qu'il fût de ses savants travaux, montaient jusqu'aux salles de la bibliothèque les propos des villageois sur les vers à soie ou sur la moisson. S'il sortait, il passait devant les fileuses assises sur le seuil de leur porte, croisait le laboureur qui partait en sifflant vers ses terres, se rangeait devant les grands bœufs pacifiques qui rentrent le soir à Recanati. La nature, pour lui, ce fut d'abord la campagne.

Ne disons pas qu'il la peignit; car il n'avait pas les yeux très bons, encore qu'il ne faille pas exagérer sur ce point, et que ses couleurs soient plus discrètes que faibles. Mais il la rendit, ce qui vaut mieux, dans ses harmonies. Il fixa les moments : l'éveil de la vie, à l'aube; la grande paix de midi ; la joie des plantes, des animaux et des hommes après l'orage. Il saisit les attitudes : le paysan qui regarde le temps sur le seuil de sa porte; la femme qui va puiser l'eau à la fontaine; la jeune fille qui revient des champs, toute chargée d'herbe, et qui à l'herbe a joint des fleurs. Il les rendit comme un captif qui, de sa fenêtre, découpe un morceau de la réalité. Le gloussement des poules dans la cour ; le tintement des grelots, sur la route lointaine ; même le bruissement des gouttes d'eau sur les feuilles ; même la rumeur tranquille qui monte des plaines ; tout l'accompagnement de la chanson rustique, entra dans ses vers. Il les aimait, ces bruits familiers qui avaient diverti sa solitude; il se souvenait que les jours de fête, pour lui, n'étaient pas la joie des libres ébats, mais les cris des enfants arrivant plus joyeux à ses oreilles, la musique des danses, et les rires des jeunes hommes ; et qu'il pouvait difficilement parler aux jeunes filles, mais qu'il pouvait au moins entendre leur voix. Les odeurs lui parvenaient aussi avec les bruits; le printemps, c'était l'odeur des fleurs s'exhalant du jardin jusque dans sa chambre ; il nota les parfums en même temps que les sons. Il n'eut ni la grande vision romantique, ni la précision du détail chère

aux parnassiens ; on a pu lui reprocher d'avoir mis dans
un seul bouquet roses et violettes : lesquelles, comme on
le sait, ne fleurissent pas à la même saison. Mais il fut
riche d'impressions vigoureuses, qui dédaignent l'accessoire, sûres de rendre toujours l'essentiel d'un décor, la
ligne caractéristique d'un mouvement, la note fonda-
mentale d'une mélodie, et comme la substance de la vie.

Il y avait donc en lui l'étoffe d'un artiste épris de
pittoresque, propre à fournir à notre goût de citadins
fatigués des scènes simples et fraîches. Nous en avons la
preuve dans quelques-uns de ses brouillons ; dans les
notes qu'il prenait spontanément au contact direct de la
réalité. Il y en a de charmantes, toutes rapides qu'elles
soient, toutes entremêlées d' « *et cætera* » hâtifs. Par
exemple :

« J'étais très mélancolique et je me mis à une fenêtre
qui donnait sur la petite place, etc : deux gamins sur
les marches de l'église abandonnée, etc., couverte
d'herbe, etc., étaient assis en plaisantant sous la lan-
terne, etc., se bousculaient, etc. Apparaît la première
luciole que j'aie vue cette année, etc ; l'un des deux se
lève, court après elle, etc. ; je demandais en moi-même
miséricorde pour la pauvrette, je l'exhortais à voler plus
haut, etc ; mais il l'atteignit, la jeta par terre et retourna
vers son camarade, etc. Cependant la fille du cocher, etc.,
se levant de table et se mettant à la fenêtre pour laver
une assiette, etc., dit à ceux de l'intérieur en revenant
vers eux : Cette nuit, il va certainement pleuvoir. Si
vous voyiez le temps ! noir comme un chapeau. Et peu
après la lumière disparaît de cette fenêtre. Cependant la

luciole s'était relevée, etc ; j'aurais voulu, etc. ; mais l'individu s'en aperçut, revint : « Sale bête ! » Il la fait tomber par terre une seconde fois, faible comme elle était, et avec le pied, il en fait une trace brillante au milieu de la poussière, etc., puis, etc., jusqu'à ce qu'il l'efface. Un gamin arrivait d'une petite rue en face de l'église, en donnant des coups de pied aux cailloux et en chantonnant ; l'assassin de la luciole court vers lui et en riant le jette à terre, et puis le porte, etc. Le jeu s'anime, mais les voix restent basses, comme auparavant, etc., mais les rires un peu haut. J'entends une douce voix de femme que je ne connaissais ni ne voyais. « Natalino, allons-nous en, il se fait tard ! » — « Pour l'amour de Dieu, qu'il ne fasse pas encore jour tout de suite ! », répond celui-ci, etc. J'entendais un petit enfant, qui certainement devait être au maillot, dans les bras de la femme (son fils sans doute), pousser d'une voix de lait des sons inarticulés et joyeux, par intervalles et pour son compte particulier, sans prendre part, etc. Le bruit et la joie vont croissant. Il n'y a plus de vin chez Girolamo ? Un homme passait, à qui ils en demandèrent. Il n'y en avait pas, etc. La femme se mettait à rire doucement, avec de petits mots, etc., « fous que vous êtes », etc. (et cependant ce vin n'était pas pour elle, et cet argent aurait été enlevé à la famille par le mari) ; et de temps en temps, elle répétait avec patience et en riant la prière de s'en aller, et en vain, etc. Finalement une voix, parmi eux : « Oh ! voici qu'il pleut ! » C'était une légère petite pluie de printemps, etc ; et tous se retirèrent ; et l'on entendait le son des portes et des verrous ; et cette scène me fit plaisir. » (12 mai 1819. *Scritti inediti*, p. 283).

Évidemment, l'esprit de Leopardi est fait pour enregistrer les images ; il est doué de cette sensibilité spéciale qui permet de fixer la mobilité des choses sans en altérer le caractère. Et pourtant, dans ses vers, cette poésie objective des scènes champêtres, qui n'est encore que la préparation du sentiment de la nature, est déjà toute mêlée de pensée.

La notation brève, précise, condensée, du réel, sert en effet de point de départ à la méditation. Le spectacle que l'artiste avait commencé à décrire semble oublié ; le penseur entre en jeu. L'horizon qu'il devine derrière la haie qui l'abrite éveille en lui le sentiment de l'infini ; le chant du passereau solitaire lui rappelle sa propre destinée, et celle de tous les mortels ; de la contemplation du coucher de la lune, il passe à des réflexions sur le déclin de la vie. Supposons le poète attardé au travail dans la nuit ; il prête l'oreille :

> Hélas ! sur la route
> j'entends non loin d'ici le chant solitaire
> de l'artisan qui rentre dans la nuit tardive,
> finis les divertissements, à son pauvre logis....,

Telle est la sensation première, immédiatement traduite. Mais aussitôt la pensée commence son travail :

> Et cruellement mon cœur se serre
> à penser comment tout au monde passe,
> et ne laisse presque point de trace..,

La méditation s'amplifie encore :

> Voici qu'a fui
> le jour de fête, et au jour de fête, le jour

> ordinaire succède ; et le temps emporte
> toute contingence humaine....,
>
> (Le soir du jour de fête).

Ainsi l'élément pittoresque ne vaut pas exclusivement pour lui-même : il sert à introduire l'élément intellectuel ou sentimental.

Mais la nature n'est pas seulement la campagne ; c'est encore, au second degré, le paysage de Recanati. De l'endroit favori où Leopardi allait s'asseoir, sur l'escarpement de la colline où se dressent les maisons, vers le couchant, le spectacle est admirable. Toutes les pentes qui descendent à la plaine, toute la plaine, forment un immense jardin richement cultivé. Les blés, les vignes, les oliviers, les mûriers, alternent en longues bandes diversement colorées, que viennent couper les filets blancs des routes. Point de ces arbres noirs qui endeuillent les campagnes, cyprès ou pins ; beaucoup d'arbres fruitiers, au contraire, à la floraison rose ou blanche. Les maisons des paysans ne se groupent pas, craintives, autour des clochers ; elles s'essaiment en liberté, chacune au milieu de ses champs. Tout est joie, tout est lumière très pure ; tout est mouvement et vie. Au loin, assez loin pour que l'isolement altier de Recanati n'en soit pas offensé, surgissent d'autres collines, aux ondulations douces et légères ; puis une ligne de montagnes noires, qui se détachent en vigueur ; et derrière elles, la neige éclatante des hautes cimes des Apennins. Au caractère paisible d'une contrée riche et humanisée, succède peu à peu le caractère grandiose d'une nature demeurée farouche. De l'autre côté, à l'Orient, la mer. Entre le monstrueux rocher d'Ancône que les habitants du pays comparent à une baleine prête à se jeter dans les vagues, et les contreforts des montagnes, apparaît la large trouée de l'Adriatique. La plaine s'étend paresseusement vers la plage, en s'attardant autour de Lorette, orgueilleuse de son dôme. Par les temps clairs, on peut apercevoir, au delà du détroit, la Dalmatie.

Ce paysage, on le retrouve dans la poésie léopardienne ; et on ne retrouve guère que lui. Ni Bologne, ni ce qui est plus surprenant, Florence ; ni Pise, dont la beauté pourtant le charma, n'ont laissé de traces appréciables dans son art. Il a fait une allusion à la campagne romaine, mais à propos des plaines dévastées par la lave, au pied du Vésuve ; il ne l'a pas décrite pour elle-même. Naples seule fait exception, parce qu'il aura le temps de prendre possession des choses, et qu'y restant plusieurs années, il acquerra lentement ce degré de familiarité qui transforme pour lui les horizons hostiles en horizons aimés. Mais à ceci près, son paysage, celui que les poètes vont décomposant et recomposant dans leurs vers, est resté celui de Recanati.

Or le même élargissement que nous venons de voir se reproduit ici. La pensée intervient de nouveau ; et comme elle mêlait tout à l'heure la méditation à l'idylle champêtre : pareillement, elle agrandit le paysage local jusqu'à l'infini. « Pour l'homme doué de sensibilité et d'imagination, qui vit comme j'ai vécu de longues années, sentant et imaginant sans cesse, les objets et le monde sont en quelque manière doubles. Les yeux de cet homme

verront une tour, une campagne ; ses oreilles lui feront
entendre le son d'une cloche ; et dans le même moment,
par l'imagination, il verra une autre tour, une autre campagne, il entendra un autre son. Dans cette seconde
espèce d'objets résident toute la beauté et tout l'agrément
des choses. Triste la vie (et cependant elle est ainsi d'ordinaire) qui ne voit, ne sent, n'entend, que les objets
simples, les seuls objets dont les yeux, les oreilles et les
autres sens reçoivent l'impression » (*Zibaldone*, VII, 352).

Au-delà de la mer, plus loin que les montagnes, Leopardi cherche des « pensées immenses ». Il n'a pas
besoin d'intermédiaire entre le décor dont se sont rem-
plis ses yeux, et les espaces infinis. Qu'un titre comme
le *Chant d'un pasteur errant de l'Asie* ne nous trompe pas ;
nous ne trouverons là aucun élément d'exotisme, aucune
peinture du curieux ou du rare : c'est du ciel qu'il s'agit.
Que d'heures passées à regarder les étoiles ! Que d'attention donnée à tous les aspects du clair de lune ! S'il l'a
décrite si souvent dans ses vers, cette lune amie, ce n'est
pas seulement par ce que dans son enfance, il la saluait
déjà quand elle venait illuminer ses songes ; ni parce
qu'étant relativement moins sensible aux couleurs du
jour, il est très sensible, au contraire, aux valeurs des
ombres et des lumières, et habile à poursuivre dans leurs
changements incertains les reflets de sa lueur bleuâtre ;
ni parce qu'il voit en elle l'astre romantique, parcourant
la mer des nuages ; c'est parce qu'il prête à son silence, à
sa solitude et à sa majesté, ses propres méditations sur le
monde. Il se représente la création tout entière ; la terre
ne lui apparaît plus que comme un point par rapport aux

étoiles, les étoiles elles-mêmes lui semblent infimes en comparaison du « Tout ». Pour permettre à sa pensée de parcourir ainsi les abîmes, il lui a suffi d'un regard donné à la nuit.

La nature, c'est autre chose encore ; c'est le principe de la création ; c'est l'hypothèse qui remplace celle de Dieu, considéré dans ses œuvres. Plus que jamais, l'idée se fait sentir ici sous l'image. Il est aisé de retrouver dans les Canti les différents états de la philosophie léopardienne. Ou bien la nature est considérée comme bienfaisante, mère et non pas marâtre, créatrice des illusions : et alors le poète se plaît à nous retracer l'image du printemps de la vie. Tout était beau alors ; tout palpitait ; on entendait les Sylvains rire dans les bois, et on voyait les Nymphes plonger dans les fleuves leur corps vierge et blanc. L'homme ne se sentait pas isolé au milieu de la création ; il était comme un dieu au milieu des dieux. Mais cette volupté du panthéisme, Léopardi ne l'éprouve que rétrospectivement. La nature n'est pas là qui l'invite et qui l'aime ; elle a aimé les anciens, elle les a invités à prendre part à la grande fête de l'existence ; aujourd'hui, la fête est finie ; il y a longtemps que le drame a commencé. Si vive que soit son imagination, et si plastique son art, reste toujours que l'évocation est faite de souvenirs : elle est, en d'autres termes, une construction de l'esprit, non pas une forme spontanée du sentiment. A peine la description cesse-t-elle que la nostalgie apparaît.

Ou bien le poète doute : et alors, il pose à la nature des interrogations anxieuses. Pourquoi est-elle changée,

et n'a-t-elle pas tenu les promesses qu'elle avait d'abord
faites à l'homme? Pourquoi a-t-elle limité le plaisir à la
cessation de la peine? Pourquoi crée-t-elle la beauté,
qu'ensuite elle détruit? Pourquoi, si la mort est un mal,
tue-t-elle les innocents? Pourquoi, si la mort est un bien,
torture-t-elle ceux qui restent par le regret de ceux qui
sont partis? Toutes questions que provoque le spectacle des choses, devenant des symboles. La faillite
des promesses de la nature, c'est la mort prématurée de
Silvia. Le plaisir, limité à la cessation de la peine, c'est
la paix des champs quand s'éloigne l'orage qui les a
dévastés. Le deuil, c'est la contemplation d'un beau
visage de femme, sculpté sur un tombeau.

Ou bien enfin la nature est une force mauvaise. Nous
avons beau nous plaindre et crier : elle reste sourde.
Elle ressemble à l'enfant qui bâtit temples et palais avec
les pièces de son jeu de construction : il n'a pas encore
fini son œuvre qu'il la démolit, parce qu'il a besoin des
pièces pour élever d'autres édifices ; et quand ceux-ci
s'élèveront à leur tour, il les anéantira de la même façon.
Les hommes ne sont aux yeux de la nature que des fourmis en travail, qu'elle écrase du pied lorsqu'il lui plaît.
Nous reconnaissons la théorie philosophique, sous les
formes multiples dont l'art du poète l'a maintenant
revêtue.

Mais le sentiment, pur de tout mélange ; l'abandon de
son âme et de son corps aux choses ; le renoncement que
l'on fait de soi-même, pour se laisser bercer par la grande
amie qui adoucit les amertumes et panse les plaies ? Rien
de pareil chez Leopardi. On dit communément qu'il se

réfugie dans la nature ; et ceci est vrai, si on entend par
là qu'il se détourne volontiers du spectacle de la société
pour contempler les plaines, la montagne, la mer et le
ciel ; si on ajoute surtout qu'ayant toujours laissé
quelque confusion entre la nature et la Nature, entre les
choses telles qu'elles nous apparaissent et leur principe,
il ne s'est pas lassé d'admirer la première au moment même
où il conjurait les hommes de se liguer pour braver la
seconde. Mais s'il y a un sentiment de la nature qui consiste à abolir le travail de l'intelligence pour s'absorber
dans l'être universel, ainsi que faisait Rousseau ; si, pour
parler le langage des philosophes, il y a un moment où
le « moi », fatigué de lutter pour s'affirmer, se refuse à
se distinguer du « non-moi » qui l'entoure, et trouve le
passage de l'un à l'autre dans la beauté : nous ne voyons
pas que notre poète ait connu ce moment et éprouvé
cette extase.

La nature lui fournit d'abord une multiplicité d'images
nettes ; elle lui fournit ensuite les comparaisons et les
symboles ; elle provoque le jeu de ses idées ; elle sert de
vérification à ses théories : il ne lui fait jamais le sacrifice de sa personnalité. Il trouve plus de plaisir dans le
souvenir que dans l'impression première, plus de douceur dans la réminiscence que dans la vision directe des
choses, parce que dans la réminiscence entre déjà un
peu de lui-même. Il lui arrive de dire que le paysage qui
l'entoure est triste lorsqu'il se sent triste ; et qu'il redevient joyeux quand il renaît à la joie. Mais il sait parfaitement alors qu'il projette sa conscience sur le dehors,
et que ce n'est pas le dehors qui agit sur lui. Je perdis

l'espérance, dit-il dans sa pièce intitulée *Résurrection* ;
et alors, le monde parût sombre à mes yeux. Contraire-
ment à toute attente, je recommence à vivre ; et le monde
me paraît souriant. Nous avons donc exactement le contraire de la chanson redite par tant de poètes, qui croient,
non sans quelque naïveté, à la complicité de la terre ou
du ciel. Leopardi sait qu'il demeure le principe pensant
et actif qui modifie suivant ses dispositions les apparences. — Il déclare à Aspasie que son recours et sa
vengeance, après qu'elle l'a repoussé et raillé, est de
s'abîmer dans la contemplation de la nature. Mais c'est
encore une idée qu'il cherche ici, pour répondre à un
sentiment : il veut avoir devant les yeux, sous sa forme
matérielle, la loi de l'universel écoulement des êtres, que
rien n'émeut de ce qui fait l'orgueil d'une femme, et qui
emportera sa beauté et sa puissance, aussi bien que le
malheur de l'homme, dans le néant.

La nature, telle qu'elle apparaît dans la poésie de Leopardi, est une nature réelle et objective : et en même
temps, elle est toute imprégnée de pensée.

III

Sa poésie amoureuse, c'est sa très discrète et très touchante confession. Elle dit les premières délices et les
premières mélancolies ; les aspirations et les rêves ; les
bonheurs souhaités plus que réalisés ; les désillusions,
les amertumes, les fureurs, les apaisements ; et elle
montre, plus haut que toutes les misères terrestres,
l'Idée de l'amour.

Car ce sentiment est la forme suprême de son idéal. Il

a sur l'âme deux effets certains : il donne le bonheur, le
seul dont nous puissions jouir ; et en même temps, il
ennoblit. Celui qui aime n'est pas seulement heureux,
par la force d'une illusion si puissante, qu'elle demeure
quand les autres ont disparu : mais il aspire aux actions
héroïques, il s'entretient de nobles pensées, pour se
rendre digne de l'objet aimé, ou simplement parce que
la nature de l'amour se confond avec la beauté et avec la
vertu.

C'est la conception d'un très jeune homme, né à l'âge
où, au vague désir d'acquérir la gloire, se mêle celui de
rencontrer des fées. Au fond, le soir où il vit Gertrude
Cassi décida de sa vie. L'étonnement ; l'émerveillement
de l'attente qui aboutit ; le désir de briller, fût-ce en se
montrant plus spirituel que les autres, fût-ce en gagnant
une partie d'échecs ; la joie de se sentir exalté et grandi ;
la crainte de n'être pas payé de retour ; le tourment de sa
laideur et de sa difformité ; la violence des regrets qui
poursuivent le fragile souvenir : toutes ces fleurs d'une
âme neuve et pure refleuriront toujours. Il gardera fidèlement le parfum de cette passion printanière ; et même
aux jours sombres, ses vers l'exhaleront. Dans ses premières pièces comme dans ses dernières, on retrouvera
l'enfant, amoureux de l'amour.

Aussi ses figures de femmes n'ont-elles pas de relief
accusé. Les portraits ne sont pas précis ; et les noms
mêmes sont changés. Il a fallu les recherches récentes
de la critique pour savoir que sa Silvia s'appelait Teresa
Fattorini ; qu'elle était fille du cocher de la maison Leopardi ; que Giacomo la voyait filer sur le seuil de sa

porte, et écoutait son chant ; qu'elle mourut jeune, étant phtisique. La Nerina des *Souvenirs* est une autre paysanne de Recanati, Maria Belardinelli ; morte jeune, elle aussi, au moment où celui qui devait l'idéaliser était à Pise : comme si une fatalité lui enviait même ces amours lointaines et littéraires. Serafina Basvecchi, qui semble avoir inspiré aussi certains de ses vers ; la Brini ; d'autres réalités peut-être, ne nous apparaissent que transfigurées. Même celles qui furent ses trois grandes passions, Gertrude Cassi, la comtesse Malvezzi, Fanny Targioni-Tozzetti, nous sont connues par les sentiments qu'elles inspirèrent au poète, mais non pas telles qu'elles furent. Nous ne voyons ni leur figure ni leur démarche ; nous ne savons pas quelle était leur voix ; nous ignorons quelle grâce particulière les distinguait des autres. Elles ressemblent toutes au fantôme qu'il avait imaginé d'abord ; il crut le retrouver dans chacune d'elles ; pauvres filles du village ou grandes dames, vierges de seize ans ou beautés plus mûres, à Recanati, à Bologne, à Florence, il n'en était point qui n'eût à ses yeux les traits de son idole. Il passait son temps à en attendre de nouvelles incarnations, dans les intervalles où son cœur était libre. Plus que les femmes, il aimait la femme ; et plus que la femme, l'idéal.

Il l'a dit dans une pièce d'une haute inspiration : *Alla sua Donna*. Elle n'a pas de réalité, cette maîtresse divine qui l'inspire. Existait-elle au temps de l'âge d'or ? Est-elle un esprit diffus de par le monde ? Est-elle un pressentiment de l'avenir ? Il n'y a rien ici-bas qui lui ressemble ; et quand une femme mortelle prendrait ses traits, si belle qu'on la suppose, elle ne serait pas la Beauté. Seule, sa pensée est capable de faire battre encore son cœur, mort à tous les autres désirs ; et son image est sa consolation. Si elle est une des idées éternelles ; ou si elle habite un autre monde, plus près de la lumière du soleil : de cette terre où toute joie est brève, qu'elle accueille l'hymne de son amant inconnu.

Sans doute, il y a dans de telles expressions quelque littérature. On voit ici l'influence de Pétrarque qui pour Leopardi était moins un maître qu'un frère en idéalisme ; celle de Platon aussi. Mais en se servant des termes que le pétrarquisme ou le platonisme peuvent lui fournir, il ne fait que traduire la croyance qui lui est la plus chère : il y a, dans le monde ou hors du monde, une Beauté que les contingences ne souillent pas. Considérons-le à l'époque la plus triste de sa vie ; au moment où, après avoir nourri pendant deux ans sa passion pour la belle dame florentine, il est brutalement déçu. « L'illusion suprême » s'est dissipée ; la terre n'est pas digne de ses soupirs ; le monde est boue. Il se méprise lui-même, et la nature, et le pouvoir mauvais qui commande secrètement aux choses, et l'infinie vanité du tout. Il écrit *Aspasie* et y met toute l'amertume de l'homme contre la femme traîtresse. Or, l'idée de la Beauté est sauvegardée ; bien plus, c'est d'elle qu'il se sert pour humilier Aspasie. Son cerveau étroit, dit-il, ne peut pas comprendre que ce que l'amant chérit en elle, ce n'est pas elle-même, mais l'amour. Semblable à l'instrument qui ignore l'harmonie qu'il produit, elle ne sait pas qu'elle est seulement

l'image grossière d'une divinité. Aussitôt que l'homme se
rend compte de la confusion qui l'a trompé, le mirage
cesse ; il comprend d'un seul coup tous les mensonges et
toutes les lâchetés ; il rejette avec dégoût la créature
vulgaire qu'il croyait surhumaine. — Mais tout son mépris pour la femme ne fait que grandir son idée de l'amour.

Après cela, n'allons pas faire de lui un écolier transi ;
ne lui donnons pas le petit ridicule que notre grossièreté
attache à ceux qui se repaissent uniquement de songes ;
ne confondons pas Aspasie avec Dulcinée. Parcourons
attentivement ses vers, et nous y trouverons, parfois aux
moments les plus imprévus, des notations fort réelles.
Leopardi fut l'observateur attentif des regards de la
femme ; leur éclat, leur douceur, leur « tremblement »,
leur « frémissement », passent plus d'une fois dans sa
poésie.

Les caresses des yeux sont les plus adorables....

Il a dit, en trois mots qu'on ne saurait traduire sans en
trahir l'effet, le charme plus matériel de la main : « Can-
dida ignuda mano... » ; et ailleurs, « une main amoureuse,
qui sent devenir froide la main qu'elle presse ». Il a parlé
des lèvres « d'où, comme d'une urne pleine, déborde le
plaisir ». Il a décrit au moins une fois les ardeurs du
baiser. Ranieri raconte qu'à Florence, son ami s'égarait
en délires et en fièvres ; et peut-être Ranieri n'a-t-il pas
menti en cette circonstance ; car il est certain que le passage où Giacomo a peint sa passion pour Aspasie, « mia
delizia ed crinni », est plein d'une âcre volupté. Il ne

peut, dit-il, sentir le parfum des fleurs au printemps,
sans se rappeler le jour où

> a me si offerse
> l'angelica tua forma, inchino il fianco
> sovra nitide pelli, e circonfusa
> d'arcana voluttà ; quando tu, dotta
> allettatrice, fervidi, sonanti
> baci scoccavi nelle curve labbra
> de' tuoi bambini, il niveo collo intanto
> porgendo, e lor di tue cagioni ignari
> con la man leggiadrissima stringevi
> al seno ascoso e desiato

Souvent répétées, de telles indications seraient inquié-
tantes. Exceptionnelles comme elles le sont, elles suffisent
à montrer l'intensité de la passion réelle qui donne sa
force secrète à la passion idéale. Il y a dans le *Zibaldone*
un passage touchant, où Leopardi, parlant de la beauté
des femmes, emploie un mot grec pour éviter le mot
italien, d'ailleurs très innocent, qui l'effaroucherait lui-
même : βαθύκολποι. De même dans ses vers : l'ardeur du
désir se trahit par éclairs, mais d'ordinaire se voile. Ce
n'est pas une des moindres qualités de cette poésie,
qu'étant si passionnée, elle demeure si candide, ou qu'en
nous révélant un cœur si brûlant, elle témoigne en
même temps d'un cœur si pur.

Cependant l'amour, source des illusions heureuses et
des vertus, ne va pas sans tristesse ; les plaintes se
mêlent aux accents qui l'exaltent. Par la fatalité de sa
nature, Leopardi ne peut vivre sans lui ; dès qu'il sent sa
première atteinte, l'illusion de la gloire, à laquelle il
avait tout sacrifié, pâlit et s'efface : il devine que toute
sa vie, il sera condamné à aimer. Et par la fatalité de cette

même nature, par la disgrâce de son corps contrefait, de sa poitrine rachitique, de cette bosse qu'il cherche vainement à cacher sous les plis de son grand manteau, l'amour lui est interdit. L'ironie de cette contradiction ne cesse jamais d'entretenir sa souffrance. Pas une femme, pas une au monde n'aura éprouvé pour lui ces élans de passion dont le souvenir demeure, et dont l'homme garde à la fois l'orgueil et la douceur. Le malheur peut venir ensuite; au moins, pendant un instant, deux volontés unies l'auront-elles bravé; et les pires infortunes pourront bien faire que ce bonheur ne dure pas : mais elles ne pourront empêcher qu'il ait existé.

Leopardi n'implore que la trêve d'un moment, la durée d'un aveu, le temps d'un baiser. Des pièces comme le *Songe* ou comme *Consalvo* montrent le tourment de ce pauvre mendiant, qui faute de trouver qui lui fasse la charité, est réduit à se représenter par l'imagination des femmes enfin pitoyables. A celle qui lui apparaît en rêve, il demande si, sans l'avouer, elle n'a pas éprouvé pour lui quelque tendresse; il lui prête la réponse qu'il désire et qu'il n'a jamais entendue : « Je n'ai pas été avare de compassion pour toi, ni quand je vivais, ni maintenant que je suis morte. » Dans *Consalvo*, il met en scène le malade qui avoue sa passion pour Elvire dans les affres de la mort. Qu'elle lui accorde un baiser, et son instant suprême sera tout illuminé de bonheur ! Elvire accorde à Consalvo les baisers que Giacomo souhaite. Il est laid, il est difforme, il est ridicule. Pareil à Sapho, qui meurt de porter en elle d' « implacables désirs », parce qu'étant affreuse à voir, elle est dédaignée, il aspire au jour où il dépouillera « le voile indigne de son âme » dont le caprice du sort l'a revêtu. Et il repète la tristesse de mourir sans avoir connu l'amour ; de traîner une jeunesse caduque et décrépite, qui le rend semblable à un vieillard à l'âge où les autres hommes sont en pleine force et en pleine beauté ; caduque et décrépite par sa faute, puisqu'il a lui-même méprisé son corps, en se donnant follement à l'étude. Pourtant il regrette cette jeunesse, sinon pour ce qu'elle est, au moins pour ce qu'elle aurait pu être. Le trouble presque physique qui l'agite quand il voit autour de lui des morts prématurées, comme celle de Silvia ou celle de Nerina, vient de ce qu'il songe à son propre destin.

Il appartient à cette catégorie d'hommes qui dans l'amour ne cherchent pas seulement le don d'eux-mêmes mais attendent qu'on se donne à eux ; il est au nombre de ces infortunés qui, comme disait Foscolo, aiment pour être re-aimés. Or il ne peut même pas se donner. Ses expériences lui prouvent que bien loin de l'aimer, les femmes ne veulent pas qu'il les aime. Cette pointe de douleur, ce « doloretto acerbo » qu'il avait senti naître après sa première tentative, s'accroît sans cesse ; elle devient mélancolie, tristesse, tourment des jours et des nuits. Même avant la désillusion finale, il en arrive à associer invinciblement à l'amour, la mort ; et il se plait à évoquer ensemble le dieu et la déesse dont les noms réunis forment par leur seule consonnance une harmonie tragique : l'Amour, la Mort.

> Frères, en même temps l'Amour et la Mort
> furent engendrés par le sort.
> Rien, ici-bas, de plus beau
> n'a le monde ; rien de plus beau n'ont les étoiles...

Que cette union soit tout l'opposé de la croyance vulgaire qui, faisant de l'amour la source de la vie, se refuse à le rapprocher de la mort, rien d'étonnant. Leopardi ne considère pas, en effet, l'aboutissement de la passion. Le sentiment individuel l'intéresse seul; comme il est un aristocrate de la pensée, il est un aristocrate du cœur; il voit bien qu'une affection sincère arrache à l'égoïsme; il ne voit pas qu'elle est le moyen inconscient par quoi se reproduisent les espèces. L'éternelle comédie que d'autres pessimistes ont décrite, et qui pousse les êtres vers des hymens qu'ils croient volontaires, tandis qu'ils obéissent aveuglément à la vie qui veut après eux d'autres victimes, lui échappe; il s'arrête au début pour ne pas envisager le dénouement.

Pour être d'accord avec lui-même, il serait obligé de répudier l'amour. Car si l'amour, force brutale qui attire les animaux l'un vers l'autre, ou force disciplinée et humanisée qui fonde la famille et la société, reste toujours le piège de la nature, il doit le maudire en même temps qu'il maudit la nature elle-même. Etant admis que l'existence est un mal et que le néant vaut mieux, il résulte que la propagation de la vie doit être dénoncée et combattue par ceux qui savent. Logique quand il exalte la mort, il est illogique quand il exalte l'amour. C'est qu'alors il ne raisonne plus: sa psychologie, et sans doute cette nature même qui se joue de celui qui la méconnaît, sont plus fortes que ses théories. Il distingue la Vénus terrestre, qui lui répugne, de la Vénus céleste, qu'il adore; la première entretient l'existence, mais la seconde l'embellit. Il ne peut pas, il ne veut pas croire qu'elle l'embellit pour l'entretenir ; et il voue un culte déraisonnable et superstitieux au seul autel qu'il n'ait pas détruit.

Il n'est pas le premier qui ait représenté la mort comme transfigurée et apprivoisée par l'amour. On a fait remarquer que déjà Guido Cavalcanti l'avait appelée « gentile » ; faut-il rappeler la tradition de Dante et de Pétrarque, de la *Vita Nova* et des *Triomphes* ? Tandis que l'imagination du Nord montre la déesse sous son jour le plus hideux, entraînant dans la ronde où tous doivent entrer la foule des cadavres décharnés comme elle, l'imagination du Midi a fait de la mort, bien avant Leopardi, une noble dame, toute bonne et toute belle, qui descend du ciel avec les anges. Mais précisément, elle descend du ciel ; toute la différence est là.

Pourquoi des poètes chrétiens en voudraient-ils, en effet, à celle qui délivre de la chair ? Pourquoi la craindraient-ils ? Pourquoi ne la pareraient-ils pas de fleurs ? Aussi longtemps que les amantes sont en vie, les amants souffrent de la contradiction qu'ils sentent en eux-mêmes : ils ne peuvent aimer l'âme sans aimer le corps ; et le corps est chose vile. Mais lorsque la mort a pris celles qui déjà ressemblaient à l'idéal céleste, l'âme seule demeure et la contradiction disparaît. Immatérielles, les amantes guideront les amants du haut du séjour bienheureux, et leur indiqueront la voie qui les conduira vers elles. La mort fait passer de l'amour profane à l'amour divin.

Pour Leopardi, rien de divin, et point d'au-delà. Les deux puissances, l'amour et la mort, sont associées sur la terre. Quand pour la première fois on aime, on sent dans son cœur et dans son corps une langueur inexprimable et on aspire à l'anéantissement. Soit pressentiment des maux futurs, soit félicité si grande qu'on voudrait ne rien connaître après elle ; le fait est qu'on appelle la mort dès qu'on soupçonne l'amour. Plus tard, dans le feu de la passion on demande encore à en finir avec la vie. Le suicide de tant de jeunes couples, qui cherchent d'instinct le refuge inviolable à la souffrance, en est la preuve. L'amour donne l'illusion du bonheur aux cœurs inquiets ; la mort donne la certitude du repos aux cœurs fatigués ; tous deux sont une diversion au malheur, l'une provisoire et l'autre définitive : qu'on les bénisse également !

S'il devait choisir entre les deux, c'est la seconde que le poète prendrait de préférence. En effet, ses vers expriment souvent le regret de la passion, mais plus souvent encore ils invoquent la délivrance. Dans la longue théorie des amoureuses que le génie a évoquées, les Béatrice, les Laure, les Desdémone ou les Elvire, Leopardi — pour le dire avec Musset — fera entrer non pas une femme, mais la Déesse :

Sombre amant de la Mort, pauvre Léopardi...

IV

Classique ou romantique ? La question serait sans importance s'il ne s'était lui-même jeté dans la bataille ; et s'il n'y avait ici une équivoque à dissiper.

Il s'est déclaré classique en effet ; et il a voulu compter

parmi les défenseurs de la tradition. Nous nous rappelons qu'en 1816, il avait répondu à l'article publié par Mme de Staël au sujet des traductions dans la *Bibliothèque italienne*: ce fut sa première manifestation de combat contre le romantisme naissant. On n'en tint pas compte: alors il recommença.

Poliment, ainsi qu'il convient à un jeune homme qui veut se faire admettre dans une grande revue ; et fermement, ainsi qu'il convient à un auteur qui ne se méprise pas lui-même, il exposait ses idées: que sans doute, les poètes doivent beaucoup savoir, et lire, s'ils le veulent, les œuvres étrangères ; mais qu'ils ne doivent pas se faire les esclaves de la pensée d'autrui ; et surtout, qu'ils doivent se garder des modèles contraires à leur propre génie.

Tandis qu'il attendait encore une réponse, parurent les Observations de Lodovico di Brème sur le Giaour de lord Byron : pour le coup, Giacomo fut inquiet, et éprouva le besoin d'examiner de près les théories nouvelles. « Je finis de lire en ce moment dans le Spectateur, nº 91, les Observations de Lodovico di Brème sur la poésie moderne, ou romantique, comme on veut l'appeler ; et parce que j'y ai vu une série de raisonnements qui peuvent embrouiller et troubler ; parce qu'aussi, étant donnée ma nature, je ne suis pas loin de douter même de ce qui semble indubitable, en conséquence, ayant dans l'esprit les réponses que l'on peut et que l'on doit faire à ces raisonnements, pour ma propre tranquillité, je les écris » (*Zibaldone* I, 94).

L'examen le rassura pleinement sur la solidité de ses

propres principes. A en croire de Brême, toute la poésie
moderne est fondée sur le pathétique ou le sentimental.
Ce trouble profond de l'âme, les anciens l'ignoraient.
Donc les modernes sont supérieurs aux anciens. — Mais,
répond Leopardi, c'est ici que les « Chateaubriandistes »
se fourvoient. Le lecteur est ému à la lecture des anciens,
parce qu'ils nous montrent la nature telle qu'elle est, et que
nous nous trouvons, grâce à eux, en présence des choses.
Les modernes, au contraire, laissent voir leur propre personnalité : c'est leur pathétique qu'ils offrent au lecteur : et
celui-ci, dès lors, cesse d'être ému. — Les romantiques
soutiennent encore qu'ils connaissent mieux le cœur
humain. Or ils le connaissent par la raison, par l'analyse,
qui dissipent les illusions. Et en même temps, convaincus
que l'illusion est la source de la poésie, ils la cherchent
dans la religion, dans le moyen âge, dans les fantômes ;
contradiction manifeste. — Est-il vrai d'ailleurs que le
pathétique soit le seul sentiment qui produise la beauté
littéraire ? Une page héroïque de Virgile, une chanson
gracieuse d'Anacréon, n'ont-elles pas une valeur au moins
égale à la description d'une ruine par exemple ? — Ils
proscrivent la mythologie. Mais il faut bien prêter la vie
aux choses ; si on la leur prête directement, si on fait
parler les arbres ou les rochers, on tombe dans le mauvais goût. La mythologie est donc l'instrument nécessaire
de la poésie. — Ils répudient l'art. Mais ils ne s'aperçoivent pas qu'on n'arrive au naturel que par l'art : les
plus grands écrivains en sont la preuve. Heureux s'ils sont
capables de créer tout d'un coup des œuvres parfaites !

Tout lui est clair maintenant. Mais il veut manifester

au public les résultats de sa recherche ; et il écrit le *Discours d'un Italien sur la poésie romantique* — qui ne devait paraître qu'après sa mort (*Scritti inediti*, p. 183). Les arguments sont à peu près les mêmes que ceux du *Zibaldone* ; le plus curieux est le ton. C'est un patriote qui parle, et qui veut défendre son patrimoine littéraire contre l'envahisseur.

Il déplore l'état misérable de l'Italie : pas une plume qui la défende, dit-il, quand jadis elle était défendue par des millions d'épées. Elle fut maîtresse du monde, formidable sur terre et sur mer, juge des peuples, arbitre de la guerre et de la paix, magnifique, riche, louée, révérée, adorée ; elle ne connaissait pas de nation qui ne lui obéît ; elle ne recevait pas d'outrage qu'elle ne vengeât ; il n'était pas de bataille où elle ne vainquît ; il n'y a eu ni domination, ni gloire, ni fortune semblables aux siennes ; et il n'y en aura jamais. Aujourd'hui, la décadence est venue. Mais l'Italie conserve l'empire des arts et des lettres, par lequel elle est grande encore, et reine dans sa misère. Les Français ont voulu lui ravir ses œuvres d'art : ils ont été ignominieusement chassés. On l'attaque maintenant d'une autre façon, par la corruption du goût ; le romantisme veut anéantir la tradition latine. Italiens ! s'écrie Giacomo, je ne vous parle pas en maître, mais en compagnon ; je ne vous exhorte pas en chef, mais je vous invite en soldat ; je suis votre contemporain et votre condisciple ; je sors des mêmes écoles que vous, j'ai grandi dans les mêmes études et dans les mêmes exercices, je prends part à vos désirs et à vos craintes. Ayez pitié de la patrie ! Cherchez non pas la mode d'un

moment, mais la renommée éternelle, qui n'appartiendra
jamais aux écrivains romantiques, orientaux, sentimentaux ; mais toujours aux Italiens, aux Latins et aux
Grecs ; considérez la barbarie qui s'avance contre vous ;
prenez compassion de cette terre de beauté, et des monuments et des cendres de vos pères...

La conclusion de cette rhétorique juvénile, où l'on
retrouve les sentiments du Discours contre Murat et de
l'Ode à l'Italie transposés en littérature, est celle-ci :
« En somme, contradictions et puis contradictions ; en
somme, erreurs, absurdités, extravagances, puérilités ;
en somme, aucune simplicité, aucune réalité ; en somme,
un amas, un chaos de sophismes, de frénésies, de mons-
truosités, de ridicules : tel est le cadeau, ô ma patrie !
que t'offrent, non pas même tes ennemis, non pas même
des étrangers, mais tes fils » ! Il est difficile de souhaiter un classicisme plus convaincu et plus belliqueux.
« Jusqu'à présent les poètes étaient des cygnes, et non
des corbeaux qui volaient vers les charognes ; mais les
romantiques, parce que personne n'a encore touché aux
charognes, ont plaisir à voler vers elles, et à y enfoncer
bec et ongles ». — « Je n'ai plus le courage de parler
d'une matière aussi dégoûtante, dont la seule pensée me
fait horreur ».

Pourtant il se trompait. Le classique qui parlait en
lui, c'était le Giacomo Leopardi de Recanati, tel que
l'éducation l'avait fait. Celui-là ne voulut pas comprendre
la complexité du romantisme à ses débuts. Il fut choqué
de ses incohérences et de ses contradictions ; il prit ses
outrances pour l'expression de ses doctrines essen-

tielles ; et rejetant résolument une partie de ce qu'il lui
offrait, il crut le rejeter tout entier. Il n'accepta pas la
proscription des anciens, que les jeunes gens du parti
exagéraient par mode ; ni le mépris des modèles ; ni le
goût de l'horrible et du monstrueux ; ni les prétendus
droits du génie, qui a le privilège de se passer de la
morale aussi bien que de l'art. De même, il ne voulut
pas dissiper les obscurités qui entouraient encore les
nouvelles théories, à l'époque où leurs fauteurs eux-
mêmes ne les concevaient pas très clairement. Il
s'obstina à voir dans le romantisme le triomphe de l'artifice, tandis qu'il aspirait à être un principe de libération ;
et dans le classicisme, le triomphe de la nature, tandis
que pour la légion d'esprits médiocres qui se conten-
taient de copier les anciens, il était un principe de servitude. Erreur plus grave, il combattit l'école au nom du
patriotisme, sans vouloir entendre qu'on n'est pas
traître à son pays quand on s'assimile le meilleur de la
culture étrangère. Têtu, il refusa de faire cause commune avec les révolutionnaires ; et chaque fois qu'il rencontra, au cours du *Zibaldone*, leurs noms ou leurs idées,
il se donna le plaisir de les attaquer.

Mais il comptait sans son tempérament, plus fort que
sa volonté même. Et dans le temps où il se prétendait
classique, et classique achevé, il fallait bien qu'il pen-
chât vers le romantisme par la qualité de son imagination et de sa sensibilité. Elle ne ressemble pas à celle
des anciens, cette imagination qui tantôt s'élance à travers les espaces infinis, et tantôt se divertit à évoquer
Belzébuth. Elle ne ressemble pas à celle des anciens,

cette sensibilité toujours frémissante, toujours inquiète, presque maladive, qui multipliait les causes de souffrance en s'attachant aux objets qu'elle détruisait; active et lasse en même temps; passionnée et découragée; inintelligible ailleurs que dans un siècle chargé des longues expériences de l'humanité. Cette même intelligence qui essayait de montrer la vérité des vieilles doctrines, se révoltait contre elles, incapable d'accepter un dogme qu'elle ne soumît à l'épreuve de sa critique, tourmentée du besoin de trouver toujours le point faible d'une théorie ou le vice d'un système. Et ainsi, attaché fortement au passé par son éducation, ses habitudes, quelques-uns de ses goûts les plus profonds; attiré vers le présent par des forces plus puissantes, par la nécessité d'affirmer ce « moi » puissant qui le rendait semblable à ceux qu'il combattait, il ne lui resta plus qu'à se faire une place à part entre les deux camps, et à imprimer aux formes de son art la marque de son indépendance et de son originalité.

Il se crée un vocabulaire.

Il était parti du purisme, admirateur de Cesari, très appliqué à s'en tenir aux exemples du quatorzième siècle, heureux de publier des textes assez bien pastichés pour qu'on pût s'y méprendre. Mais il se convainquit bientôt qu'il lui était impossible de rendre les nuances de sa pensée avec des ressources aussi restreintes : et il brûla ses dieux. Il commença par répudier ses modèles et se convainquit que la perfection de la littérature italienne datait non pas du quatorzième mais bien du seizième siècle : l'homme renaît alors, et la civilisation se renouvelle : les mots se multiplient pour répondre à des besoins insoupçonnés. En conséquence, les auteurs du seizième siècle doivent faire loi.

Il ne s'en tint pas là. Tel qu'il était maintenant, plus étendu et moins vieillot, le vocabulaire qu'il avait à sa disposition ne le contentait pas encore : en matière de philosophie, notamment, il se trouvait dépourvu des expressions les plus nécessaires. Comment les acquérir ? Leopardi ne craint pas d'admettre la légitimité des emprunts faits au français, considéré comme la plus moderne de toutes les langues ; au moins sous certaines réserves et à de certaines conditions. Ce dont il faut se défier, c'est de son caractère géométrique ; à partir du dix-septième siècle, les auteurs français ont répudié ce que le moyen âge et la Renaissance avaient de plus savoureux ; l'Académie a constitué une sorte d'algèbre, riche en termes — c'est-à-dire en abstractions, — très pauvre de mots — c'est-à-dire d'idées recouvertes d'images. Les Italiens doivent se garder de cette tendance à faire de la langue un squelette : mais lorsqu'ils rencontrent en français un mot qui est italien par une harmonie préétablie, en ce sens qu'il n'est pas contraire à la tradition nationale, et qu'il répond aux nécessités du moment, qu'ils le prennent. Il suffit de le re-penser, de changer au besoin ce que son aspect peut avoir d'exotique et d'étranger, pour lui donner droit de cité. L'imitation serait néfaste ; l'adoption raisonnée est indispensable à tous ceux des auteurs qui veulent vivre avec leur siècle. — On pourrait aussi faire des emprunts à la langue courante. Mais on risquerait alors de perdre l'élégance, qui demeure la qualité première. Pour être élégant, il importe de se servir de mots qui ne soient pas ceux de tout le monde, et que tout le monde comprenne cependant ; classiques et modernes à la fois ; agréables aux doctes comme aux profanes. Qu'on ait donc recours, si l'on veut, aux mots des salons ou de la rue ; mais qu'on les soumette, eux aussi, à une critique rigoureuse. — Leopardi revient donc toujours à dire que le grand maître en fait de vocabulaire, le juge suprême qui choisit dans les anciens trésors, dans les richesses étrangères et dans les richesses contemporaines, le créateur qui décide de tous les cas particuliers, c'est l'artiste : c'est lui-même.

Il se crée un style.

Les habiles qui sont capables d'imiter agréablement tous les auteurs seraient embarrassés sans doute s'ils avaient à reproduire la prose de Leopardi ; et davantage ses vers : prose et vers n'étant d'ailleurs pas différents dans leur essence, puisque sa poésie est éloquente souvent, et que sa prose est souvent poétique. Il n'ignore pas la grâce, le charme, le *molle atque facetum* des anciens ; et même cet adjectif *molle* revient souvent en italien sous sa plume. Mais sa caractéristique est la force, sobre et nue. Les procédés par lesquels il arrive à cette extraordinaire densité, qui permet à un seul vers d'évoquer à la fois plusieurs idées et plusieurs images, valent la peine d'être examinés.

D'abord, la place des mots : ceux-ci sont toujours disposés de manière à produire leur maximum d'effet. Leopardi reste plus près de la langue latine que de nos langues analytiques ; il garde une absolue liberté de construction : de sorte qu'il attribue la place essentielle au mot le plus important. Que l'on prenne, entre cent, un exemple comme celui-ci :

Arcano è tutto
Fuor che il nostro dolor ;

et que l'on compare la traduction française :

Excepté la douleur, tout est pour nous mystère :

on sentira quel relief prend le mot « arcano » pour être ainsi jeté en avant.

L'économie des mots. Dans ces vers :

...e vitto il bosco,
nidi l'intima rupe, onde *ministra*
l'irrigua valle,

trois groupes de substantifs dépendent d'un seul verbe, qui se trouve enchassé entre eux et le sujet.

Le mélange de mouvements grammaticaux différents, qui se croisent jusqu'à former un tout inextricable :

A' tuoi superbi regni
Vile, o natura, e *grave ospite addetta*,
e dispregiata amante, alle vezzose
tue forme il core e le pupille invano
supplichevole intendo.

La suppression des idées intermédiaires. C'est ici, appliquée au style, la tendance psychologique que nous avons déjà notée, et qui consiste à passer tout d'un coup de l'observation à la méditation philosophique, de la terre à l'infini :

...Né scolorò le stelle umana cura.

Les appositions. Ce ne sont pas les mots seulement qui sont joints l'un à l'autre par la force de leur similitude, mais quelquefois les propositions. Le poète reproduit des associations d'images en supprimant les particules de liaison ; c'est un moyen d'atteindre l'amplitude en gardant la brièveté.

Les alliances de mots :

> al tiberino lido
> il calpestio de' barbari cavalli
> Prepara il fato...

Les contrastes. Nous ne disons pas les antithèses. Pour arriver à l'antithèse parfaite, il est rare qu'on ne doive pas forcer ou affaiblir un des deux termes. Deux idées ne s'opposent pas par tout leur contenu, mais par une partie de leur contenu seulement. Que l'essentiel de chacune d'elles entre en conflit, cela suffit ; les éléments accessoires peuvent déborder sans inconvénient pour la pensée et pour l'image. Ainsi, chez Leopardi, les antithèses sont rares, et les contrastes sont fréquents. Ceci suppose un choix extrêmement sévère et probe des adjectifs, qui ne sont jamais appelés par la nécessité de l'effet à produire, mais qui, suivant la nature même de leur fonction, viennent ajouter au substantif un attribut indispensable :

> Preme il destino invitto e la ferrata
> Necessità gl' infermi
> Schiavi di morte...

Mais quand on se sera livré à des analyses du même genre, et qu'on aura noté d'autres procédés avec ceux-ci, on n'aura pas encore trouvé le secret de son style ; on

n'aura pas expliqué pourquoi une pensée si souvent
maladive, revêt une forme si vigoureuse, donne l'impression d'un équilibre si parfait, prête à l'angoisse un tel
caractère de majesté. Ce contraste, c'est encore lui-
même.

Il se crée une métrique.

Rompu au métier dès son enfance, très sensible à la
musique, il sut trouver le vers qui est beau par lui-
même, par sa seule sonorité, indépendamment du sens
qu'il peut contenir. Chaque fois qu'il le voulut, il créa
des harmonies imitatives ; non pas celles qui consistent
à reproduire grossièrement le chant des oiseaux ou le
bruit de la tempête ; mais celles qui rendent les accords
mystérieux qui unissent les formes aux sons. Ceci serait
peu, s'il n'avait été que virtuose ; mais il fut, à proprement parler, créateur. Parti de la canzone classique, en
effet, il sut assouplir cette forme un peu rigide. Au lieu
de composer des strophes toutes semblables, il en intro-
duisit de rythme différent ; il finit par donner à chacune
d'elles une forme particulière : la pensée ne se plia plus
aux exigences de la métrique, et se fit chaque fois une
métrique à elle.

De même pour la rime. Il commença par introduire à
une place fixe des vers non rimés, qui passaient dans le
mouvement qui entraînait les autres ; et il augmenta peu
à peu leur nombre. Déjà dans *Brutus minor,* des quinze
vers de chaque strophe, neuf ne sont pas rimés ; dans la
canzone *Au printemps,* la proportion est de quinze sur
dix-neuf. Dans ses derniers chants, les rimes deviendront l'exception ; il aura substitué l'harmonie inté-

rieure à la musique extérieure du vers ; et renouvelé le genre.

A quelque examen qu'il se livre, à mesure que son immense lecture lui fournit plus d'exemples ; quelque chemin qu'il suive pour rechercher la vérité à travers les doctrines dont il s'est d'abord encombré l'esprit, il aboutit toujours au même point : chaque jour lui montre avec plus d'évidence que sa personnalité est supérieure à tous les modèles, et qu'il n'a qu'à la laisser parler pour produire le beau. Le résultat de tant de débats compliqués qu'il évoque et qu'il juge, prenant comme matière de discussion toutes les idées émises par tous les théoriciens, et comme témoins tous les livres, est de légitimer son instinct. Individualiste en fait, il passe de longues années à établir péniblement qu'il n'y a de force en littérature que celle de l'individu.

S'il étudie les anciens, il acquiert peu à peu la conviction qu'il faut continuer à les admirer, sans les copier. Leur littérature est splendide de forme ; elle a rendu les aspects de la nature avec une perfection qu'on n'égalera plus ; elle est le triomphe de la peinture objective des choses. Mais il doit s'avouer qu'au point de vue psychologique et philosophique, elle est relativement faible. Et il l'avoue, avec cette sincérité qui est comme l'excuse de son orgueil. Il reconnaît que le pathétique se rencontre rarement chez les auteurs d'Athènes et de Rome ; que le sentimental leur a fait défaut ; que l'infini n'a pas troublé leur âme trop sereine. Et pour la mythologie, on peut bien l'employer encore aujourd'hui : mais à titre de souvenir. Comment s'obstiner à faire d'elle une réalité,

quand personne n'y croit plus ? Qu'on ne méprise pas
ce qui fut longtemps la vérité ; qu'on s'émeuve même, à
évoquer les formes admirables dont elle a peuplé la
terre ; mais qu'en tout cas, on en évite l'abus.

S'il étudie les modernes, il ne trouve pas non plus qu'il
ne reste rien à faire après eux. Ainsi qu'on l'a dit excel-
lemment, il est un véritable iconoclaste à l'égard de ses
prédécesseurs. L'influence d'Alfieri est une de celles qui
se sont imposées avec plus de force aux auteurs italiens
du XIXe siècle ; Leopardi, avec tant d'autres, n'a pas été
sans suivre à quelque degré la tradition de la violence.
Mais s'il n'épargne pas les témoignages de respect envers
l'homme ; s'il estime le prosateur, il ne loue pas le poète.
Il condamne le lyrisme de Parini ; un souvenir des
Sépulcres, et un nom jeté dans une énumération générale :
voilà tout pour Foscolo. Du culte de Monti, il passe
presque au dénigrement. A plus forte raison, la pléiade
des poètes antérieurs, qui se sont attachés au culte de la
forme, sans nourrir leurs vers de pensée, excite-t-elle
sa critique. Avant lui, autour de lui, il ne voit, à de rares
exceptions près, que misère. Dans son traité *De la condition présente des lettres italiennes* (*Scritti inediti*, p. 296),
il trace le programme de toute la littérature à refaire. Car
la patrie attend, et demande en vain des productions qui,
en premier lieu, aient pour elle un caractère d'utilité ; et
qui, en second lieu, soient modernes. Celui qui doit lui
permettre de regagner le retard qu'elle a sur les autres
nations de l'Europe, n'est pas encore venu. Créer ; créer
librement, puisqu'aucun de ceux qu'on considère comme
les plus grands n'a donné ce qu'exigent les nécessités

présentes : ce n'est plus seulement, pour Leopardi, suivre l'impulsion secrète de sa conscience ; c'est exercer un droit ; c'est remplir un devoir urgent.

Son esthétique même — dans la mesure où en peut saisir l'esprit, à travers ses capricieux détours — n'a pas d'autre aboutissement. Parti de ce principe, que la fin de la poésie consiste dans le plaisir produit par l'admiration qu'excite une imitation habile, il s'aperçoit qu'il n'y a pas de principes, puisque le beau n'a rien d'absolu, et que l'imitation est l'œuvre des esprits secondaires. « Créateur, inventeur, non pas imitateur » — telle est sa nouvelle formule. Le genre épique, le genre dramatique même, sont inférieurs au lyrisme ; parce que dans les deux premiers, l'écrivain ne s'exprime pas en son propre nom, et se trouve obligé d'imiter la psychologie des autres : tandis que le lyrisme, qui lui fournit le moyen d'épancher sa propre personnalité, devient « la cime, le comble, le sommet de la poésie ». « Les poésies ne sont poésies qu'en tant qu'elles sont lyriques ».

Il reste donc seul, lui, Giacomo Leopardi, génie lyrique, génie créateur. — Cette attitude, qui serait déplacée chez d'autres, est chez lui légitime. La perfection de son art est née de lui-même. L'histoire de sa poésie est celle de sa vie ; son contenu, celle de sa douleur ; sa forme, celle de sa volonté. Nul n'a affirmé sa personnalité avec une force plus sincère et sous des espèces plus belles. Ne disons pas qu'il fut romantique, puisqu'il ne l'a pas voulu. Mais s'il faut entendre par moderne celui qui est inquiet, troublé, et rebelle ; celui qui rejette le passé, mais en souffrant de le rejeter ; celui qui essaye péniblement de se refaire une loi avec la vérité, et un idéal avec la beauté ; celui qui a l'orgueil de sa misère et prend la responsabilité de sa souffrance : disons qu'il fut moderne. Éloge ou blâme, Leopardi l'eût accepté.

CHAPITRE VI

LES DERNIÈRES ŒUVRES : LA MORT

I

Entre les productions vigoureuses d'un esprit si ferme, et la faiblesse de l'être misérable qui traîne vers leur terme ses jours fatigués, le contraste devient toujours plus saisissant. Suivant le témoignage de Leopardi lui-même, « jamais sa santé n'a été pire » qu'au moment où il quitte Florence : il est presque aveugle. Grâce aux soins de Ranieri, le voyage s'accomplit néanmoins sans encombre ; les deux amis arrivent à Naples au début d'octobre 1833.

Il fallait se loger. Or, le père de Ranieri avait déclaré tout net qu'il ne voulait pas recevoir sous son toit un impie, et par surcroît un pauvre. Les voilà donc dans une chambre meublée. Un matin, l'hôtesse entre : elle dit qu'on a voulu lui cacher que ce Leopardi était phtisique ; qu'elle ne le gardera pas plus longtemps ; et qu'il ait à s'en aller. Le témoignage d'un médecin connu rassura cette femme peu hospitalière ; mais les amis cherchèrent un appartement qui fut bien à eux, et qui les mit à l'abri de pareilles aventures. Ils en prirent un d'abord via Nuova Santa Maria Ogni Bene ; puis un autre, qui leur plaisait mieux, dans une des parties les plus élevées et les plus saines de la ville, via Capodimonte. Le changement eut lieu au mois de Mai 1835. Ce fut à cette date que la sœur de Ranieri, Paolina, vint habiter avec eux pour ne plus les quitter.

Leopardi aurait pu, en se rendant de Florence à Naples, faire un crochet par Recanati. Il s'en garda bien. De Rome, il écrivit à son père que son intention avait été de passer l'hiver auprès de lui, mais qu'il craignait l'air de sa ville natale, toujours funeste à sa santé ; qu'au reste, ses maux d'yeux étaient trop sérieux pour qu'il se fiât aux médecins et aux apothicaires du pays. Il allait donc rester quelques mois à Naples ; à peine se porterait-il mieux, qu'il aurait « le plaisir incroyable » de venir l'embrasser. En réalité, il ne devait jamais le revoir. A mesure que le temps passait, il multipliait les témoignages de son affection. Il en avait assez, écrivait-il, de vivre parmi les étrangers ; il aspirait à revoir la maison de son enfance. Il éprouvait de véritables remords à la pensée qu'on pouvait le prendre pour un fils oublieux. Ses parents retrouveraient le Giacomo d'autrefois, soumis, affectueux ; il ne désirait pas le retour avec moins d'impatience qu'eux-mêmes. Sept années, désormais écoulées, n'avaient fait qu'augmenter son amour. Il allait jusqu'à dire, pour marquer son grand désir de revenir à Recanati, qu'il détestait les Napolitains, tous menteurs, à l'en croire, tous Polichinelles, tous dignes de la potence.

Mais en même temps, il multipliait les excuses, les unes vraies, les autres à peine vraisemblables. Il disait vrai, quand il parlait des embarras d'argent qui le retenaient. Mais on a peine à le croire, quand il invoque le froid, qui l'empêche de se mettre en route ; ou des circonstances mystérieuses, impossibles à expliquer dans une lettre ; ou la difficulté de sous-louer son appartement ; ou quand il raconte que Ranieri devait accompagner à Rome le cardinal Zurla, venant de Sicile ; mais que le cardinal Zurla étant mort, Ranieri reste à Naples, et lui aussi.

Pourtant, il est sincère, dans les deux cas. Il voudrait se rendre à Recanati ; et il voudrait bien aussi se persuader que des obstacles invincibles le retiennent à Naples. Il ne cherche pas à mentir aux autres, mais à se tromper lui-même. Il est combattu entre le désir de montrer à son père, à ses frères, à sa sœur, qu'il n'a jamais cessé de les chérir ; et l'horreur qu'il éprouve pour son ancienne prison. Et ainsi, hésitant, malheureux, incapable de choisir entre des résolutions contraires, appelé par sa famille, gardé par Ranieri, il attend le moment où il ne pourrra plus rencontrer Monaldo, Carlo, Paolina, que dans la prairie d'asphodèles où tous finissent par se rendre.

Trouver les ressources nécessaires à l'existence n'est pas chose aisée, même lorsqu'on met en commun les recettes. L'un vit des subsides d'un père qui n'est pas riche et qui se fait prier, incapable de comprendre qu'on sacrifie à l'amitié tout son temps, toute sa liberté, toute sa bourse. Quant à Giacomo, il fait de son mieux. Il apporte pour sa part sa très maigre pension ; l'argent que Monaldo lui envoie quelquefois, en cachette ; et dans les cas de nécessité urgente, il est réduit à tirer des lettres de change sur des parents ou des amis, qui ne les refusent pas : sur l'oncle Antici ; et même sur Bunsen, qui avait offert son aide pécuniaire, jadis, après qu'il l'avait rencontré à Rome.

Il n'est pas sans intérêt pour nous de savoir qu'en 1834, il caresse un moment l'idée de s'établir à Paris. N'est-ce pas la ville où il est le plus aisé, dans l'imagination de ceux qui ne la connaissent pas, de trouver à la fois renommée et profit ? Il ne la méprise donc plus, comme au temps où il mettait Bologne au-dessus de toutes les autres cités ; il demande à de Sinner, qui s'y trouve, si une entreprise de librairie, par exemple une collection des classiques italiens, avec commentaires et notes, pourrait y nourrir son homme. De Sinner répond que le seul moyen de vivre de sa plume, à Paris, est de collaborer à une grande revue. Cela ne fait pas l'affaire de Leopardi ; et il renonce à ce surprenant projet. Aussi bien espère-t-il que ses œuvres lui procureront quelque argent à Naples même. Un éditeur accepte de les publier en six volumes. Mais seul, le premier volume qui contenait les *Canti* (1835) ; et le second, qui contenait la moitié des *Operette morali*, virent le jour.

Plus tard, il songea de nouveau à Paris, et entra en relations avec le libraire Baudry. Nous avons même la lettre que le poète lui envoya, en français, pour lui exposer ses intentions :

« Je ferai à mes *Operette morali* les additions que je

promets dans la *Notice* qui les précède dans l'édition de Naples. Elles consistent en trois opuscules d'une étendue assez considérable. On peut voir leurs titres dans la notice que j'ai citée [1].

J'ajouterai aussi à mes poésies des morceaux inédits.

En Italie, j'aurais donné quelque traduction inédite : par exemple, une traduction du Manuel d'Epictète, une traduction de quatre discours moraux d'Isocrate, etc. ; tout cela n'est bon à rien en France.

Je veux publier un volume inédit de pensées sur les caractères des hommes, et sur leur conduite dans la société ; mais je ne veux pas m'obliger de le donner au même libraire qui publiera le reste, si auparavant je n'ai pas vu du moins le premier volume, imprimé, afin de pouvoir juger de l'exécution.

Au reste, je ne tiens en aucune manière à ce que l'édition soit faite sous le titre général d'Œuvres. On peut, et même on devrait publier un volume sous le titre indépendant de *Canti*, et deux autres sous celui d'*Operette morali*. Je ferai des améliorations nombreuses à tous ces trois volumes » (*Corresp.* III, p. 42 — 2 Mars 1837).

Mais au dernier moment, Baudry changea d'avis ; Leopardi ne put donner suite à son projet.

Cependant ses forces semblent renaître. Ses premières lettres datées de Naples sont de la main de Ranieri, parce que ses yeux lui refusaient tout service. Peu à peu il se remet à écrire ; il peut lire et penser sans se sentir épuisé. C'est qu'il se trouve moins malheureux qu'à Flo-

---

[1] Voir page 124.

rence ; et l'apparence du bonheur, qui apaise son âme,
lui rend plus tolérables les souffrances de son corps. Non
pas la foule, dont au reste il ne se soucie guère, mais
quelques-uns au moins parmi les bons esprits lui accordent leur estime. Ils l'ont accueilli avec méfiance, parce
que la philosophie spiritualiste qui règne alors est hostile
au pessimisme. Mais ils reconnaissent en lui un grand
prosateur et un très grand poète ; ils le saluent comme
tel ; et Leopardi, toujours sensible à la gloire, en est
flatté. Les parents des Ranieri, leurs amis — à Naples,
le cercle des amis est singulièrement étendu — viennent
converser avec lui. Des étrangers même lui rendent
visite : Bunsen lui recommande Heinrich Wilhelm Schulz,
qui se rendait dans l'Italie méridionale pour y faire des
recherches historiques, et qui devint son ami ; celui-ci
lui fait connaître à son tour le poète Platen. Il sort ; il se
divertit au spectacle de cette ville pittoresque, à la fois
agitée et nonchalante, où se heurtent toutes les couleurs
et toutes les clameurs, et qui semble provoquer à la vie.
Il fait quelques visites ; on le voit même au théâtre, ravi
par la musique de Paisiello. Le marquis Basilio Puoti,
puriste achevé, tient une véritable école de style, où il
enseigne aux jeunes gens les secrets d'un vocabulaire
sans reproche : il convie Leopardi à l'une de ses séances :
élèves et maître lui payent leur tribut d'admiration. Ainsi
l'acclamaient à Pise les étudiants de l'Université. Mais
ici, il ne sent pas seulement une sympathie diffuse ; il
sent, tout près de lui, une chaude affection.

Antonio et Paolina Ranieri, en effet, l'entourent de
leurs soins. Ils connaissent ses manies et satisfont ses

caprices ; ils veillent avec lui dans ses insomnies. Le
frère lui sert de secrétaire, et la sœur d'infirmière. Grâce
à celle-ci, pour la première fois de sa vie, Leopardi connaît la douceur de la présence d'une femme. Aussi leur
rend-il en affection ce qu'ils lui donnent en dévouement.
Il ne pourrait plus vivre sans les avoir à ses côtés ;
« seule, la foudre de Jupiter me séparerait d'eux ». Pré-
venances et sacrifices lui paraissent la chose du monde
la plus naturelle, parce qu'il les aime, et qu'ils l'aiment.
Il accepte leurs bienfaits comme un croyant accepterait
ceux de la Providence ; sa Providence, à lui, c'est l'amitié.

Le climat aussi joue son rôle dans cette résurrection.
Semblable à une plante qui s'ouvre au soleil, Leopardi,
dans l'atmosphère tiède, dans la lumière éclatante du
golfe de Naples, essaye de s'épanouir, s'il en est capable
encore. L'air très pur qui le baigne est pour lui un étonnement et une volupté : « air comme il n'en est point
pour apaiser mes maux... ». « Je sens les effets bienfai-
sants de cet air vraiment salutaire ; et il est incontestable
que ma santé s'est améliorée au-delà de ce que j'aurais
osé espérer... » Aussi reprend-il goût à la création littéraire ; la vie qui renaît, c'est l'art qui le ressaisit. Il compose ou il achève à Naples quelques-unes des plus belles
parmi ses poésies lyriques ; la *Batrachomyomachie* ; et
les *Pensées*.

II

On ne sait pas au juste quand il commença les *Pensées* ;
on sait qu'elles furent achevées, et prêtes pour l'impression, en 1836. Il y en a cent onze seulement.

Plusieurs sont piquantes, quelques-unes sont originales, certaines sont profondes. Nous retrouvons, éluci-
dées, et nettement exprimées, des vérités qui nous paraissent évidentes, et dont nous avions nous-même fait l'expérience. mais sans parvenir à les formuler ; au plaisir
que nous éprouvons à les lire se mêle une sorte de gratitude. Nous avons tous remarqué que les personnes les
plus flattées de porter une décoration, par exemple, se
défendaient d'avoir rien fait pour l'obtenir. Leopardi
l'avait dit :

XVII. De même que les prisons et les galères sont
pleines de gens qui, à les croire, sont très innocents : de
même les charges publiques et les dignités de toute espèce
ne sont jamais remplies que par des hommes qui y ont
été appelés et forcés malgré eux. Il est presque impossible de trouver quelqu'un qui avoue, ou bien avoir
mérité les châtiments qu'il subit, ou bien avoir recherché
et désiré les honneurs dont il jouit : mais peut-être le
second est-il encore plus difficile à trouver que le premier.

Nous n'avons pas traversé une ville, sans qu'on nous
donnât comme caractéristiques de l'endroit les mœurs
que nous avons rencontrées partout ailleurs. Leopardi
l'avait dit :

XXXI. Dans tout pays, les vices et les maux universels
des hommes et de la société sont notés comme des parti-
cularités du lieu. Jamais je n'ai été dans un endroit où je
n'aie entendu dire : Ici les femmes sont vaines et incons-
tantes, lisent peu et manquent d'instruction ; ici les gens
sont curieux des affaires d'autrui, très bavards et médi-

sants ; ici l'argent, la faveur, la lâcheté peuvent tout ; ici règne l'envie, et les amitiés sont peu sincères ; et ainsi de suite : comme si ailleurs les choses allaient autrement. Les hommes sont malheureux par nécessité, et résolus à se croire malheureux par accident.

Il est un autre mérite du moraliste, qui consiste à trouver l'expression vigoureuse et colorée, évocatrice d'images ; ou l'expression condensée, évocatrice d'idées. Voici un exemple du premier genre :

VII. Il y a, chose étrange à dire, un mépris de la mort et un courage plus abjects et plus méprisables que la peur : c'est celui des commerçants et des autres gens adonnés aux affaires, qui très souvent, pour des gains même minimes, ou pour des économies sordides, refusent obstinément de prendre les précautions et les mesures nécessaires à leur conservation, et se jettent dans des périls extrêmes, où quelquefois, lâches héros, ils meurent d'une mort méprisée.

Et un exemple du second :

LXXVI. Rien de plus rare au monde qu'une personne habituellement supportable.

Devons-nous donc ranger les *Pensées* parmi les œuvres ingénieuses et fortes, qui nous ont laissé de la nature humaine un fidèle tableau ? Assurément, Leopardi a fixé quelques traits éternels de notre psychologie : mais cela ne veut pas dire qu'il les ait rendus tous. Peut-être, gâtés par nos propres auteurs, par les *Maximes* et les *Caractères* qui constituent une des originalités de notre littérature, sommes-nous trop difficiles ; peut-être aussi l'observateur possédait-il seulement quelques-unes des qualités qui sont indispensables au genre, les autres lui faisant défaut. A ses impressions directes se mêlent quelques souvenirs livresques ; il ne fait pas difficulté de reconnaître que telle idée lui vient de La Bruyère ; telle autre, de Rousseau ; telle autre, de Mme de Staël ; cette dernière semble bien avoir inspiré toutes ses remarques sur l'esprit de conversation. C'est qu'il avait lu plus qu'il n'avait regardé ou écouté ; il était resté dans sa bibliothèque si longtemps, qu'il en retrouvait le souvenir même en croyant découvrir le monde.

Son expérience personnelle n'est pas seulement trop limitée ; elle est trop passionnée. Comment pourrait-il parler avec équité de la femme, maintenant que toutes ses illusions se sont dissipées, et qu'il est plein d'amertume et de dégoût ? Il l'a idéalement aimée, puis détestée ; il ne la connaît pas. Il a toujours considéré la vie comme un drame, acteur, et non spectateur. Parmi les causes qui expliquent pourquoi ses *Pensées*, plus que des observations, sont des griefs, l'essentiel est sans doute sa trop puissante personnalité.

Tel est en effet le caractère qui les distingue de toutes les productions du même genre : elles veulent être la justification d'une théorie antérieurement émise, mais qui ne semble pas encore tout à fait prouvée aux yeux de son auteur. Ce sont des considérations intellectuelles et abstraites qui l'ont amené, par le long travail consigné dans les pages du *Zibaldone*, au pessimisme ; ce sont des considérations intellectuelles encore qu'il a exposées dans les *Operette morali* ; manquent toujours les faits.

Le seul fait qu'il aurait pu invoquer eut été sa propre infortune : celui-là, il l'a délibérément écarté, ne voulant pas qu'on attribuât sa métaphysique à son tempérament. Il lui en faut d'autres, certains, indéniables, révélés à tous par l'expérience la plus commuue. Voilà pourquoi, sans parler de la nature, ou du néant, ou de la souffrance universelle, il étudie la société. Sa pensée est toujours obsédée par le même problème : mais il en donne, au lieu d'une solution philosophique, une démonstration pratique. Il avait affirmé que les hommes sont voués au malheur, parce que la nature ne se soucie pas des fins auxquelles ils aspirent. Maintenant, il fait voir que les hommes sont malheureux, parce qu'ils sont les victimes de leur état social.

« Je dis que le monde est une ligue de coquins contre les honnêtes gens ». Il le dit, et il croit le prouver, en répétant que le « genre humain est divisé en deux parties, ceux qui exercent la violence et ceux qui la subissent ». Il ne tarit pas sur « l'ingratitude, l'injustice, et l'infâme acharnement des hommes contre leurs semblables ». Il cherche ses témoignages non seulement chez l'enfant, mais même chez les animaux domestiques, corrompus parce qu'ils font partie de la société. L'enfant qui se regarde pour la première fois dans un miroir, croyant voir une créature semblable à lui, devient furieux ; il voudrait la battre et la tuer. De même les oiseaux apprivoisés se jettent contre le miroir avec rage, ailes déployées et bec ouvert ; le singe lance le miroir à terre et le brise.

L'amitié est la seule vertu à laquelle il fasse grâce ;

peu soucieux d'éviter la contradiction, il reconnaît qu'on
rencontre de par le monde d'excellents cœurs, qui se
livrent sans calcul intéressé. Il trouve moyen de citer au
passage le nom de Ranieri ; il est mon ami, dit-il, ou
mieux le compagnon de ma vie ; si les hommes ne l'empêchent pas d'exercer les hautes facultés qu'il porte en
lui, son nom sera bientôt fameux. Mais à cette réserve
près, il s'attache à montrer le triomphe de l'égoïsme.
Ceux que nous appelons les grands hommes ont conquis
la renommée, non point par leurs mérites, mais par la
violence ou par le savoir faire, soit qu'ils aient brutalement imposé aux autres leur domination, soit qu'ils
les aient gagnés. Il faut être très jeune ou rester très
naïf pour croire le contraire ; les plus dignes d'admiration sont condamnés au mépris, s'ils ne connaissent l'art
de faire eux-mêmes leur éloge ; heureux encore s'ils ne se
voient pas honnis et persécutés. Supérieurs au vulgaire
par la beauté, ou par l'intelligence, ils doivent expier une
faute et apaiser un ennemi ; leur faute, c'est leur supériorité même ; et leur ennemi, c'est l'envie. — Rien de
noble dans l'amour ; les femmes se laissent conquérir
par la force et demeurent fidèles à celui qui les dédaigne
le plus. Fausses et faibles, elles sont de tous les animaux le pire. — Ainsi de suite : on voit assez l'attitude
de Leopardi : il nous dépeint l'homme observé dans ses
actions et dans ses habitudes comme infiniment pervers ;
ou plutôt comme infiniment lâche et vil, puisqu'il ne
ment, ne vole ou ne trahit que dans la mesure de ses
besoins : s'il se conduit bien, c'est que le crime ne lui est
pas nécessaire.

Aussi les *Pensées* ne sont-elles pas exemptes d'une certaine raideur. Les traits sont peu variés, en somme, et trop appuyés ; on sent la volonté de produire un effet. L'artiste, qui prête au philosophe son secours, essaye bien de placer quelques touches moins noires ; il y réussit quelquefois, il n'y réussit pas toujours.

Poursuivre avec une égale âpreté des ridicules assez inoffensifs, comme la manie des conférences, ou des crimes ; montrer partout « l'imposture sociale », et la dénoncer rudement ; dresser de formule en formule un véritable réquisitoire : c'est déformer la vie, ce n'est pas la rendre.

Cette déformation a sa beauté, le genre de beauté des paradoxes et des défis. Mais en outre, les *Pensées* trahissent, aussi bien que le *Zibaldone*, aussi bien que les passages anxieux des *Operette morali*, la probité intellectuelle qui pousse Leopardi à recommencer une recherche qui, toujours terminée, ne lui semble jamais définitive. Il a besoin d'arguments qui le confirment dans sa foi pessimiste : il met son effort, non pas à être plus sincère, puisqu'il a toujours été d'une sincérité absolue, mais à se rapprocher de ce qu'il prend pour le réel. Il nous offre encore une fois le spectacle d'un penseur qui croit à la loi de haine, et lui donne son expression la plus farouche, en regrettant de ne pas croire à la loi d'amour. Prêtons-lui foi, lorsque nous lisons en tête des *Pensées* ces lignes, qui sont peut-être un regret, et semblent résumer sa propre histoire :

I. « J'ai refusé longtemps de croire vraies les choses que je dirai ci-après : outre que ma nature était trop

éloignée d'elles, et que l'âme tend toujours à juger les
autres d'après soi-même, mon inclination n'a jamais
été d'haïr les hommes, mais de les aimer. Enfin l'expérience m'a obligé à les croire, comme par force..... »

III

C'est un très curieux poème que les *Paralipomènes de
la Batrachomyomachie*. Un tel titre ferait prévoir un
grand déploiement d'érudition : les Paralipomènes, livres
de la Bible qui servent de complément au livre des Rois ;
la Batrachomyomachie, le vieux conte homérique : comment les rats vainquirent les grenouilles ; comment Zeus
envoya au secours des grenouilles les écrevisses, qui à
leur tour vainquirent les rats. Tout jeune, Leopardi
s'était intéressé à cette histoire, qui lui montrait le grave
Homère en veine de plaisanterie, et légitimait, par
l'exemple de l'antiquité, un certain goût du burlesque
qu'il portait en lui. Il l'avait traduite, imprimée dans le
Spectateur, en 1815, reprise, corrigée, réimprimée : il
revient à elle maintenant. Mais l'érudition se borne au
titre, qui sans doute est paradoxal à dessein ; la fable
ancienne est un prétexte à la satire ; les souvenirs classiques sont un moyen de rendre piquante l'histoire contemporaine ; la scène n'est plus la Grèce aux temps
de l'Iliade, mais Naples au xixe siècle. Les grenouilles,
ce sont les sujets du Pape ; les rats, les Napolitains ; les
écrevisses, les Autrichiens. Senzacapo représente
François Ier, empereur d'Autriche ; le baron Camminatorto, le prince de Metternich ; le général Brancaforte, le

feld-maréchal Bianchi ; Rodipane ressemble à Ferdinand,
roi de Naples, et par surcroît à Louis-Philippe ; il y a des
analogies entre Rubatocchi et Murat. Les événements
sont ceux qui ont agité l'Italie, de 1815 à 1830.

Vouloir qu'à ce compte, les mœurs des animaux fussent fidèlement reproduites dans le poème, serait une
étrange erreur. Au contraire, une partie du comique vient
des invraisemblances énormes que Leopardi accumule à
plaisir. Ses rats sont des politiciens, des savants, des
métaphysiciens même ; ils raisonnent comme des êtres
humains, et souvent un peu mieux. Ils parlent de l'équilibre européen, discutent sur les principes de la Sainte
Alliance ; ils se donnent des airs de Carbonari, et laissent
croître leur barbe. Brusquement, ils se souviennent qu'ils
ne sont que des rats : ils trottinent, ils rongent, ils lus-
trent leur poil, ils rentrent dans leurs trous. Point de
transitions ; toujours des contrastes. De la même façon,
les écrevisses sont de gros soldats allemands, qui jurent
et qui crachent, ne savent pas lire, ne comprennent pas
les plaisanteries qu'on fait sur leur compte, mais se bat-
tent bien, et mangent encore mieux. Tout d'un coup, ces
conquérants marchent à reculons : ils viennent de se
rappeler qu'ils ne sont que des écrevisses.

La *Batrachomyomachie* ne plaît pas aux gens très rai-
sonnables, qui exigent un récit logique et une trame
serrée : ceux-là pensent qu'un auteur les frustre, quand il
ne leur donne pas l'exposition, l'intrigue et le dénouement auxquels ils ont droit. L'imagination de Leopardi
brave ici toutes les règles ; elle n'obéit qu'à son propre
caprice. Il faut la suivre à travers les chemins détournés

qu'elle prend, sans se demander où elle conduit: car
l'accessoire a plus d'importance, souvent, que l'essentiel ;
et les digressions sont peut-être le meilleur du poème. Il
en est une qui dure pendant la moitié d'un chant, et qui
réfute la philosophie du progrès. Une autre nous montre
la folie de l'homme qui se croit le centre de l'univers, et
s'attribue généreusement une âme qu'il refuse à toutes
les autres créatures. Certaines contiennent des leçons
d'histoire ; ou bien encore des descriptions de la nature
qui sont exquises : ces rats s'attardent volontiers à
admirer les étoiles, et sentent mieux que personne la
poésie d'un matin printanier. Le poète cause avec le lecteur; c'est une conversation à bâtons rompus, qui tantôt
effleure les sujets et tantôt les approfondit, toujours
souple et variée. Ajoutons que la division en octaves
favorise ces arrêts de la pensée, ces interruptions et ces
reprises ; et que la rime ajoute sa musique, facile et
sonore, aux multiples jeux de la fantaisie.

Il faut raconter l'histoire, sans avoir la prétention d'en
rendre l'allure, mais pour en indiquer le sens et la portée.
Elle commence où finit le récit homérique : les rats
battus par les écrevisses s'enfuient éperdûment. Au
bout de deux jours, les plus courageux d'entre eux osent
se retourner, et s'aperçoivent qu'ils ne sont plus poursui-
vis. Ils s'arrêtent, et, comme leur roi est mort, élisent un
chef provisoire, Rubatocchi (Pille-bouchées). Puis ils
envoient un ambassadeur, rat plein de sagesse et de confiance en la vertu, Leccafondi (Léchefonds), au camp des
ennemis, pour connaître leurs intentions. Après avoir
risqué d'être tué aux avant-postes, Leccafondi est con-

duit devant Brancaforte (Pince-forte), général en chef
des écrevisses ; il lui explique qu'il est mandé par Rubatocchi, que les rats viennent d'élire à la place de leur
ancien roi. Indignation du général, quand il entend
parler d'élection : il fait emprisonner l'ambassadeur, et
demande des instructions à son maître, Senzacapo
(Sans-tête), dix-neuvième de la dynastie. Celui-ci répond
qu'en attendant une royauté légitime qui remplacera dans
la suite le gouvernement de Rubatocchi, on peut traiter
avec les délégués des rats. Et le délégué remplit enfin sa
mission : que veulent les écrevisses ? Pourquoi se sont-
elles mêlées des affaires d'autrui ? Quelles raisons
avaient-elles de prendre fait et cause pour les grenouilles ?
— Nous avons combattu, répond le général Brancaforte,
pour « maintenir l'équilibre » — Pourquoi vous chargez
vous de maintenir l'équilibre ? — Parce que nous sommes
les geôliers de l'Europe, répond encore le général ; c'est
notre métier. Il énonce ensuite les conditions de la paix :
les rats éliront un roi ; ils s'abstiendront, quoi qu'il
arrive, de combattre les grenouilles ; ils entretiendront
dans Topaia (Ratopolis) une garnison de trente mille
écrevisses.

Les rats, rentrés à Topaia, mettent ordre à leurs
affaires intérieures, en attendant le retour de leur ambassadeur. Par un rare exemple, Rubatocchi abandonne
volontairement le pouvoir ; c'est Rodipane (Ronge-pain),
gendre du feu roi Mangiaprosciutti (Mange-jambons) qui
est nommé souverain des rats par la volonté populaire ;
il accepte la charte, et jure d'obéir à la constitution.
A peine les festivités du couronnement sont-elles termi-

nées, que Leccafondi revient, annonçant les dures conditions de la paix : on les accepte : trente mille écrevisses occupent la citadelle. Cependant Rodipane, roi
libéral, augmente la culture de son peuple en même
temps que sa prospérité ; il ouvre des écoles en même
temps qu'il favorise le commerce et l'industrie, se-
condé par Leccafondi, dont il a fait son ministre. Topaia
connaît des jours heureux, quand Senzacapo intervient : il veut que Rodipane déchire la charte, au nom du
droit divin. — Mais ce traité, qui permettait au peuple
d'élire un roi ? — Les traités importent peu. Alors la
nation des rats se soulève, ne voulant pas subir une telle
violence ; elle prépare la guerre contre les écrevisses, à
grand renfort de discours belliqueux et de chants. On
marche au devant des ennemis, au lieu de les attendre
dans la ville. Mais à peine ceux-ci se sont-ils rangés en
bataille, que les rats, comme dans la première rencontre,
s'enfuient éperdûment. Seul, Rubatocchi combat et meurt
en brave.

Les écrevisses entrent dans Topaia, et après un grand
carnage, y installent cent mille des leurs. Senzacapo
tolère Rodipane sur le trône ; mais il renvoie le ministre
du roi, Leccafondi, et nomme comme ambassadeur le
plus fourbe et le plus habile de ses sujets, Camminatorto
(Va-tortu). Celui-ci, qui exerce tout le pouvoir, a soin de
tenir le peuple dans l'ignorance et dans la misère. Or une
étrange maladie s'empare des rats : ils forment des conjurations, tiennent des assemblées secrètes, et laissent
pousser leur barbe pour se rendre menaçants. Camminatorto rit de ces folies, et se contente d'exiler Lecca-

fondi, que les jeunes gens avaient pris pour chef de leur mouvement.

L'exilé erre de pays en pays, jusqu'à ce qu'il trouve un refuge par une nuit de tempête chez un certain Dédale, qui lui promet de le conduire aux enfers des animaux, aux contrées mystérieuses où l'âme des rats séjourne après leur mort : et il le conduit, en effet, au moyen d'ailes qu'il a inventées, dans une île enveloppée de brouillards, au milieu du grand Océan. Là, le « moi » de chaque animal trouve un orifice correspondant à sa taille, qui conduit à une région spéciale des enfers. Ainsi Leccafondi pénètre dans le royaume des ombres, et s'étonne de ne pas le trouver semblable à celui qu'on lui avait dépeint sur terre : car que sait-on de la mort ? Chaque hypothèse qu'on fait à son sujet n'est elle pas une nouvelle preuve d'ignorance ? Il ne voit ni récompenses, ni châtiments ; aucune distinction d'innocents et de coupables ; les morts sont rangés par files, à mesure qu'ils arrivent, immobiles et silencieux. C'est à peine si les mânes des ancêtres, que Leccafondi consulte sur le sort de Topaia, daignent répondre qu'une fois revenu sur la terre, devra suivre en tout point les avis du général Assaggiatore (Goûte-tout). Ce sage, qui a refusé de prendre part à la guerre et aux conjurations, ne veut rien dire ; et quand, à force de prières, il se décide à ouvrir la bouche, — le poète déclare que le vieux manuscrit où il puise son histoire lui fait tout à coup défaut ; et il met fin à son chant.

Il y a là quelque cruauté envers les Italiens ; d'autant plus que Leopardi, l'auteur de la Canzone à l'Italie, sem-

blait se renier lui-même ; qu'il avait le tort de railler, au
moment où ils étaient vaincus et humiliés, ceux de ses
concitoyens qui lui avaient offert l'hospitalité dans leur
ville ; et qu'il se méprenait sur la force du mouvement
qui poussait la nation à la conquête de son indépendance :
les temps ne sont plus si loin, où les faits donneront raison aux patriotes, et tort à l'auteur de la *Batrachomyomachie*. Il eût été plus généreux de ne pas rappeler aux
Napolitains qu'ils avaient quitté précipitamment le champ
de bataille, en 1815 et en 1821. Il eut mieux valu comprendre qu'on ne s'improvise pas héros ; que la défense
de la patrie veut une longue préparation ; que les gouvernements de Naples antérieurs à la Révolution
avaient fait une maxime politique de l'avilissement du
peuple, et que celui-ci ne pouvait pas effacer d'un seul
coup la marque de tant d'années de servitude. Leopardi
aurait fait preuve d'un esprit plus pénétrant, s'il avait pris
la peine de distinguer, sous l'appareil parfois ridicule des
conjurations, une idée non seulement généreuse, mais
pratique. Sur la masse, le mystère est puissant ; la foule
aime les conciliabules, les signes de reconnaissance, les
serments, les insignes. Et précisément, l'éducation dont
elle avait besoin, ne pouvant être en peu d'années l'œuvre
de la raison pure, devait être préparée par le sentiment et
l'imagination. La preuve que les sociétés secrètes n'étaient
pas inutiles à la cause italienne, c'est qu'on conduisait
leurs membres à la prison ou à la potence, quand ils
étaient pris par trahison.

Mais ce serait trop demander sans doute à un témoin
désabusé des évènements, encore sous l'impression des

défaites récentes, choqué par l'évidente disproportion qui régnait entre les discours des patriotes napolitains, et les faits, que de vouloir de lui cette indulgence et cette sagesse. D'autres, qui n'étaient pas pessimistes, et ne considéraient pas toutes les choses du monde par le côté de leurs ridicules, ne pensaient pas autrement que Leopardi. Et surtout, il ne faudrait pas faire de la *Batrachomyomachie* un poème uniforme, qui serait d'un bout à l'autre une satire pleine d'amertume : nous sommes habitués à trouver dans les œuvres de notre poète plus de nuances, voire plus de contradictions; nous savons qu'elles admettent aisément des moments divers de sa pensée, et des doutes aussi bien que des négations. Si donc il se moque un peu de Leccafondi l'utopiste, qui attend le triomphe des idées humanitaires pour voir du même coup le salut de sa patrie, et va demander aux autres les ressources qu'il devrait puiser en lui-même, c'est pour mêler un conseil à son blâme. Moins de rêves ; moins de théories sur la réforme morale de l'individu; plus d'énergie, un plus juste sentiment des réalités : voilà ce qu'il voudrait trouver chez ceux qui guident la foule. Il honore Rubatocchi, le héros qui combat jusqu'à la mort, aussi volontiers qu'il raille la sotte jactance et la lâcheté des fuyards.

Jamais l'injuste domination d'un peuple sur un autre, la prétention de régler les destinées du vaincu au nom d'un droit qu'il n'accepte pas, n'ont été flétries avec plus de vigueur et de gravité que dans ces vers burlesques. Le tableau des Autrichiens qui interviennent dans les affaires de l'Italie, imposent leur politique à tous les Etats

par la fourberie ou par la violence, menacent, pillent,
rançonnent, et quelquefois pendent, a autrement d'importance que la caricature des Napolitains. Celui qui écrirait l'histoire de la Sainte Alliance l'écrirait mal, s'il
ignorait de quelles couleurs Leopardi a dépeint la haine
des souverains légitimes pour les monarchies constitu-
tionnelles, leur peur des idées libérales, qu'ils étouffent
dans toute l'Europe afin que l'incendie né dans une
nation n'aille pas se propager chez les autres, l'abus de
la force, l'hypocrisie du droit et de la piété.

Jamais non plus les droits de l'Italie n'ont été plus
hautement revendiqués. Leopardi attaque la culture allemande, la philosophie allemande, la philologie allemande, non pas qu'il les méprise ; il a donné ailleurs
des témoignages de son admiration pour elles. Mais les
pays germaniques ont la prétention d'opprimer le génie
latin, et refusent d'admettre sa prééminence : alors il se
rebelle. Il n'admet pas qu'on enlève à sa patrie son privilège le plus sacré ; il proclame que la civilisation italienne, par son droit d'ancienneté et par sa supériorité
intrinsèque, est la première du monde. Il évoque le souvenir de la grande Rome, son ton devient tragique ; ses
vers s'emplissent de fierté et de douleur. La canzone à
l'Italie, nous la retrouvons alors ; la forme est peut-être
moins ample ; le sentiment est plus amer, et plus passionné :

> tant de haine brûle dans les cœurs étrangers
> pour le nom italien, que notre décadence,
> dont aucune gloire ne rejaillit sur eux,
> les rend joyeux, parce qu'elle est nôtre.
> Beaucoup de nations ont éprouvé de dures vicissitudes,

et se sont dépravées dans un long martyre :
mais aucune ne pourrait montrer l'exemple
d'une haine telle que l'excite la nôtre.

Et cela, parce qu'étant domptée,
esclave, et couverte des haillons du malheur,
il faut bien appeler italien encore
ce qu'a de plus grand la nature humaine ;
toujours la gloire de la Rome éternelle
brille d'un tel éclat, qu'elle obscurcit toutes les autres ;
et la marque de l'Italie, malgré le vain orgueil
de l'Europe envers nous, reste imprimée sur elle.

(I, 26-27).

Dès 1821, Leopardi écrivait dans son *Zibaldone* qu'il voulait employer « les armes du ridicule pour secouer sa pauvre patrie et son siècle ». Par la *Batrachomyomachie*, il achève de réaliser son programme. Il avait écrit les premières strophes dans l'hiver de 1834-1835 ; il dicta les dernières à Ranieri la veille de sa mort.

IV

Nous avons dit que la pièce intitulée *Aspasie* avait été comme la revanche de son amour florentin, puisqu'il y méprisait la femme au front étroit, à l'âme basse, incapable de comprendre qu'elle est seulement l'image grossière de l'amour ; et qu'il l'avait écrite à Naples. Les émotions qui l'ont troublé jusqu'au délire ne se sont pas apaisées tout d'un coup ; dans la paix relative de sa nouvelle vie, il n'a trouvé l'oubli que par degrés. Même loin des lieux où il avait souffert, il était poursuivi par les souvenirs douloureux. Les poètes, dans ce cas, font de la composition littéraire un remède ; les vers où ils expriment avec le plus d'intensité leur souffrance signalent déjà le commencement de la guérison : comme s'ils répandaient leurs sentiments au dehors pour que leur âme en soit délivrée. En voyant le bas-relief d'une tombe antique, qui représente une femme au moment où, près de mourir, elle prend congé des siens (*sopra un basso rilievo antico sepolcrale*), en pensant au beau visage, au corps jeune et souple que le sculpteur a reproduits, et qui gisent maintenant, décomposés, horribles (*sopra il ritratto di una bella donna*), Leopardi ajoute de mélancoliques variations au thème de l'amour et de la mort. Mélancoliques, et non irritées ou farouches, elles ne sont plus que l'écho de la passion.

Ce qui le poursuivait encore, c'était le souvenir des idées qu'il avait si souvent entendu exprimer à Florence, par les collaborateurs de l'*Antologia*, chez Vieusseux. Cette foi au progrès, combattue dans sa prose et dans ses vers à tant de reprises, excitait rétrospectivement sa colère. Il lui semblait qu'il n'avait pas suffisamment raillé le préjugé de la science et la superstition de l'économie politique. De même qu'il avait longtemps revu l'image d'Aspasie, il entendait encore les voix qui célébraient les découvertes du siècle, prônaient le commerce et l'industrie, vantaient les systèmes philosophiques destinés à changer le gouvernement du monde, et prédisaient la félicité suprême sur la terre pour les enfants des hommes. A de tels retours vers le passé, nous devons la *Palinodie à Gino Capponi*, qu'il compose au début de 1835. Leopardi s'adresse à celui qui avait été l'âme de l'Anthologie ; et feignant de renier ses propres idées pour lui plaire, il les affirme davantage. La connaissance des sciences sociales ne réformera pas la nature de l'individu, qui est malheureux par la loi de son être ; l'accroissement du bien-être ne prévaudra pas contre la souffrance, la maladie, la mort. On ne sera pas moins égoïste pour être plus savant ; ni plus vertueux pour s'habiller de vêtements plus commodes. Ceux-là rendent un mauvais service aux jeunes générations, et leur préparent de nouvelles douleurs, qui les nourrissent de ces folles illusions.

Débarrassée, l'âme de Leopardi ne retrouve pas encore la paix. A Naples aussi, il y a des gens qui blâment sa philosophie désespérée ; et les éloges qu'il reçoit par ailleurs ne le consolent pas des critiques. Il répond à ses détracteurs par une satire, *Les Nouveaux croyants*, dont le ton rappelle les pages les plus amères de la Batrachomyomachie. Naples tout entière, dit-il, s'arme pour défendre son macaroni : car elle ne saurait supporter qu'un homme ose préférer la mort au macaroni. Aussi la voix des doctes s'élève-t-elle contre cet infâme. L'un, athée quand l'athéisme était à la mode, et dévot depuis que Chateaubriand a mis à la mode la dévotion, l'attaque ; cet autre, exclus par la nature des plaisirs de l'amour, déclare que la vie est belle et douce ; cet autre, qu'un mal affreux ronge, fait profession d'optimisme ; et tous s'unissent contre le poète qui a répété les lamentations de Job et de Salomon. Après tout, ils ont raison de dire que le monde n'est pas triste ; car pour se rendre compte du malheur humain, il faut être capable de sentiment et de raison ; et ils ne possèdent ni l'un, ni l'autre. Ils sont courageux et sages, parce qu'ils tiennent à la vie et crai-

gnent la mort : celui qui proclame le néant de l'existence
et aspire à la libération est un faible et un fou.....

C'est la dernière explosion d'un amour-propre irri-
table ; notons que Leopardi ne fit pas entrer cette satire
dans l'édition qu'il préparait pour l'éditeur parisien, et
qu'elle est restée dans ses brouillons. Au printemps de
1836, il avait quitté Naples, pour passer quelques jours
dans une maison de campagne, qu'un ami avait mise à sa
disposition. Il se trouvait là en pleine nature, entre
Torre del Greco et Torre Annunziata, au pied du Vésuve.
Le volcan, qui, vu de la ville, frappe par l'harmonie de
ses lignes, et semble le gardien vigilant du paysage,
change d'aspect quand on s'en approche. On distingue
alors les coulées de lave desséchée ; on retrouve la trace
des destructions anciennes ; on se sent écrasé par la
masse sombre de la montagne. De plus près encore,
lorsque le pied foule la cendre et la pierre ponce, qu'une
odeur de soufre remplit l'atmosphère, que le panache de
fumée devient tourbillon, que les pierres projetées hors
du cratère retombent à côté du voyageur, tous ces signes
d'une activité prête à renaître rendent vivant le souvenir
des catastrophes légendaires, et mêlent à la majesté la
terreur. En bas, les champs, les vignes luxuriantes, la
courbe harmonieuse du golfe où vont mourir les collines,
et le scintillement de la mer.

Ce caractère grandiose fit sur Leopardi une impression
profonde. Venu pour quelques jours, il resta trois mois
dans la villa. On peut se le représenter, rêvant la nuit
— car il n'avait pas le préjugé des heures, et se levait ou
se couchait quand bon lui semblait — et suivant dans le

ciel très clair la lune, fidèle compagne de ses méditations. Elle passe ; elle disparaît ; tout retombe dans
l'obscurité ; on entend dans le lointain la voix d'un char-
retier, dont le chant salue celle qui éclairait la route.
Ainsi s'en va la jeunesse ; espérances et illusions s'éva-
nouissent ; la vie n'est plus que ténèbres (*Il tramonto
della luna*, mai-juin 1837).

Ou bien nous pouvons encore le suivre dans ses promenades ; nous savons qu'il en fit beaucoup, pendant ces
mois de printemps ; il allait quelquefois jusqu'à Pompei. Fatigué de marcher, il s'assied, contemple le paysage
et se laisse aller à sa méditation, qui devient poésie.

Sur les flancs de la « montagne exterminatrice », une
seule fleur pousse, celle du genêt. Elle aime les déserts ;
elle embellit la tristesse de la campagne romaine ; ici, où
jadis les moissons mûrirent, où s'élevèrent les plus belles et les plus riches cités, elle croît aujourd'hui, et son
parfum console de la solitude. — Ceux qui exaltent la bonté
de la nature devraient venir en ces lieux, et voir comment elle accumule les ruines : ce spectacle d'horreur
leur apprendrait à mieux comprendre ce qu'ils appellent
le progrès de l'humanité. Pour lui, il ne partage pas les
croyances de ce siècle orgueilleux et sot ; il proclame
contre lui que le prétendu progrès n'est que décadence.
Il sait bien qu'il sera méprisé par la foule, qui aime qu'on
la flatte, parce qu'il aura eu le courage de dire la vérité.
Un pauvre ne se prétend pas riche, un infirme ne se
prétend pas fort ; de même, l'homme né pour la mort, et
nourri dans la souffrance, ne devrait pas se croire heureux, et promettre aux peuples qu'un souffle peut détruire
une félicité surhumaine. Au contraire,

Noble est la nature
qui a le courage d'élever
ses yeux mortels contre
le commun destin ; et qui, d'un franc langage,
sans altérer la vérité,
reconnaît le mal qui nous fut donné en lot,
et la bassesse et la fragilité de notre état :
celle qui grande et forte
se montre dans la souffrance ; les haines et les colères
fraternelles, plus lourdes encore
que tout autre mal, elle ne les ajoute pas
à ses misères ; elle n'attribue pas à l'homme
sa douleur, mais rejette la faute sur celle
qui vraiment est coupable, qui des mortels
est mère, parce qu'elle les enfante, et marâtre par son vouloir.

Car il en est ainsi : c'est contre la nature que les hommes doivent s'unir, et c'est contre elle qu'ils doivent s'aimer. S'ils se haïssent et se déchirent, ils ressemblent à des assiégés qui se battraient entre eux, au moment où l'ennemi assaille leurs portes. Voilà ce dont il faudrait persuader les peuples : par la justice et par l'amour, ils adouciront leur sort.

La nuit aussi, Leopardi vient s'asseoir au milieu des champs de lave. Qu'est la terre, en comparaison des astres qui peuplent l'espace ? Sur ce point infime, abîmé dans l'immensité, qu'est l'homme ? Et il s'imagine être le maître de l'univers, d'un univers qui tout entier aurait été créé pour lui ! Comme le fruit tombé de l'arbre écrase le peuple des fourmis ; ainsi une éruption du Vésuve détruit les œuvres humaines, et le volcan semble fouler aux pieds des ruines. Il y a dix-huit cents ans qu'Herculanum et Pompei furent ensevelies : la rage de la nature ne s'est pas arrêtée. Le paysan anxieux qui voit la flamme sortir du cratère éveille ses fils dans la

Ranieri l'alla chercher. Trois fois, il voulut se lever du lit où on l'avait étendu, et se remettre à table, persuadé toujours que la nourriture le rétablirait. Ses forces le trahirent ; et il resta enfin sur le bord du lit, la tête soutenue par des oreillers. Il sourit à son ami quand il le vit rentrer ; il parla au docteur de son asthme, des remèdes à prendre, des belles promenades qu'il allait faire dans les campagnes du Vésuve. Paolina Ranieri essuyait la sueur qui coulait de son front. Il perdit les sens ; on essaya de le ranimer en lui donnant des sels. Il ouvrit les yeux tout grands, fixa Ranieri, lui dit : « Je ne te vois plus ». Ce furent ses dernières paroles.

Le prêtre arriva sur ces entrefaites ; il put seulement réciter les prières des morts. Le médecin déclara que la mort était due à l'hydropisie : « les eaux, qui depuis longtemps occupaient les routes du cœur, se portèrent en abondance dans la poche qui l'enveloppe ; et la vie étant étouffée à sa source première, ce grand homme rendit le dernier soupir ». Ranieri réussit, non sans peine, à soustraire le corps à la fosse commune ; il l'ensevelit dans le vestibule d'une petite église, San Vitale, où il repose encore aujourd'hui.

Son infortune ne finit pas avec ses jours. Un jésuite ayant affirmé, huit ans après sa mort, qu'il s'était converti au dernier moment, et s'était confessé à un membre de l'ordre, une âpre polémique s'ensuivit, qui s'est prolongée à travers tout le siècle. Il semble avéré cependant qu'il mourut fidèle à ses convictions. Ranieri lui-même fut si blessé, lorsqu'on publia la correspondance du poète, par ce qu'il y est dit des Napolitains, qu'il jugea bon de se rendre justice à lui-même. Dans un livre où il fait impudemment son propre éloge (*Sept années de vie commune avec Leopardi*, 1880), il le peignit violent, haineux, glouton. On a fait justice de ces calomnies. Mais Giacomo Leopardi eut ce malheur suprême, que son image fut souillée par celui qu'il avait le plus aimé.

—

CHAPITRE VII

LEOPARDI ET LA PENSÉE EUROPÉENNE

———

Les Italiens honorent en Leopardi un de leurs plus grands poètes. Il appartient, en effet, par toute son œuvre, à la race des génies vigoureux et passionnés qu'a produits le sol latin ; et de plus, il joue un rôle dans le Risorgimento : sa Canzone à l'Italie a fait entendre la voix même de la patrie.

Mais il est né à l'époque où un incessant commerce d'idées lie entre eux les différents peuples européens ; et il a pris part aux échanges. Que doit-il aux littératures voisines ? Il y a des groupements internationaux d'esprits : auquel appartient-il ? Et enfin, quelle a été sa fortune hors des frontières de son pays ?

I

Aux littératures voisines, l'anglaise, l'allemande, la française, il doit en somme assez peu.

Il connaissait l'anglais : nous trouvons dans le *Zibaldone* des pages entières écrites en cette langue. Mais il

ignorait l'Angleterre. Songeons avec quelle peine il
avait pu forcer la barrière qui l'enfermait à Recanati ;
c'est par fragments que sa culture étrangère s'était for-
mée ; il l'avait acquise au hasard de ses lectures éparses,
dans des articles de revue, sans direction et sans
méthode. Qui lui aurait indiqué les œuvres essentielles,
seules capables de révéler le génie d'un peuple ? Ses
idées ne dépassent guère celles que nous trouvons communément au dix-huitième siècle. Le représentant de la
littérature anglaise est pour lui Ossian, poète du Nord,
par conséquent voué à la tristesse et à la mélancolie ;
ses œuvres sont le produit spontané de la race, dans sa
force primitive. Ajoutons Addison ; Pope ; Hervey, qui
favorise dans quelque mesure le goût qu'il avait montré
dès sa jeunesse pour les méditations nocturnes ; peut-
être Swift ; et quelques autres noms, à l'aventure : aucun
de ceux qu'il cite ne permet de conclure à une préférence marquée de son esprit, encore moins à une
influence qui l'aurait modifié.

Si la fortune lui avait permis de vivre dans une de ces
colonies d'Anglais qui n'étaient pas rares alors en Italie,
et qui ont joué un grand rôle dans l'histoire des relations
intellectuelles entre les deux peuples, il aurait dépassé
sans doute cette connaissance moyenne ; il aurait comblé
les lacunes qu'elle présente ; il se serait mis au courant
des productions contemporaines. Il est vrai qu'il parle
souvent de Byron, mais avec une antipathie marquée. Byron manque d'art : il choisit mal les prota-
gonistes de ses poèmes ; il cite des exemples historiques des passions qu'il est en train de décrire ; il

embarrasse ses vers de notes et d'explications : procédés gauches et maladroits. Sa poésie est orientale, ce qui la rend paradoxale et comme illégitime, puis qu'elle devrait présenter les couleurs sombres des imaginations du Nord. Il manque de psychologie ; il n'y a guère qu'une seule de ses idées qui vaille la peine d'être retenue : c'est que l'homme arrivé au comble du désespoir, voyant que sa souffrance est désormais sans limites, au lieu de pleurer, sourit, et ce sourire est plus terrible que les larmes. Cette remarque a frappé Leopardi, elle n'est peut être pas étrangère à l'attitude qu'il prend dans quelques-unes de ses *Operette morali*, où il sourit, lui aussi, de désespoir. Mais dans l'ensemble, son ironie reste très différente de celle de Byron.

Il ne connaissait pas l'allemand. Il doit sa réprésentation de l'Allemagne à ses relations philologiques : pays d'érudits, le seul peut-être qui maintienne la tradition de la science dans un siècle où l'ignorance devient la loi ; et davantage encore à Madame de Staël : littérature septentrionale ; langue très souple, propre à la poésie et aux traductions ; habitants épris de musique, de rêve, et d'idéal ; métaphysiciens perdus dans leurs propres élucubrations. L'Allemagne est aussi le pays du romantisme, le pays de Bürger, ce qui la rend moins sympathique à ses yeux ; et plus tard, le pays qui veut contester à l'Italie la suprématie intellectuelle, ce qui le met tout à fait en colère. Image peu vraie — ce qui n'importerait guère ici, puisque l'influence d'une littérature ne se mesure pas toujours à la connaissance exacte qu'on en peut avoir ; mais surtout, image confuse et sans relief.

Il faut faire exception pour une œuvre : Werther.
Il l'a citée à plusieurs reprises dans son *Zibaldone* ;
par exemple : « 4 octobre 1820. Je sais qu'après avoir
lu Werther, mon désespoir a pris un caractère ardent... » (I, 351). Dans ses *Écrits inédits*, on peut lire
des notes pour un roman projeté ; et en tête : Werther.
Les notes, bien que confuses, permettent de voir que
Leopardi songeait à peindre un suicide après un amour
malheureux. Dans les *Canti*, le thème de Consalvo — le
héros qui meurt après avoir reçu de celle qu'il aime un
baiser qui l'a rendu divin — n'est pas sans analogie avec
un passage célèbre du roman de Gœthe.

Nous avons donc ici les éléments d'une influence possible. Mais pour mesurer sa portée, il ne faut pas oublier
le mécanisme compliqué de la psychologie de Leopardi.
Sa curiosité intellectuelle était très vive, et tout l'inté-
ressait. Or ce n'était pas curiosité de dilettante, vite
éprise d'un objet nouveau, vite lassée. Sa nature présentait cette particularité, que toute connaissance devenait
pour lui désir d'imitation. Il lui suffisait de lire un livre
italien pour qu'il fut tenté d'en reproduire le style ; un
livre étranger, pour qu'il pensât toute la journée dans la
langue de l'auteur. Il lui semblait même, en s'examinant,
que l'assimilation était le trait essentiel de son génie.

En même temps, une autre faculté agissait, plus puissante que la première : l'esprit critique. Les idées qu'il
prend chez les autres, qu'il veut imiter, qu'il imite même
pendant quelque temps, il les étudie : presque toujours
il les rejette. Si c'était le lieu de rapporter ici tous les
passages de ses œuvres qui ont trait aux littératures

étrangères, apparaîtrait cette vérité certaine, qu'en définitive, il ne retient guère que ce qu'il portait antérieurement en lui-même. Ses lectures sont pour lui une excitation intellectuelle ou sentimentale ; elles présentent
des idées à sa critique ; elles accusent des nuances déjà
marquées de son tempérament ; elles ne changent pas son
être. Il l'a dit, à propos de Werther même, en une page
subtile :

« Beaucoup de gens, par la lecture des romans, livres
sentimentaux, etc., ou bien acquièrent une fausse sensibilité quand ils n'étaient pas sensibles, ou corrompent
leur sensibilité vraie quand ils l'étaient. Pour moi, qui
ai toujours été mortellement ennemi de l'affectation,
surtout en ce qui regarde les passions de l'âme et du
cœur, je me suis bien gardé de contracter cette espèce
d'infirmité, et j'ai toujours cherché à laisser opérer la
nature en toute liberté et spontanéité. De toute façon, je
me suis aperçu que la lecture des livres n'a vraiment
produit en moi ni passions ou sentiments que je n'eusse
point, ni effets de ces passions ou sentiments qui ne
fussent point nés sans ces lectures ; et cependant, la
lecture les a accélérés, et a hâté leur développement. En
somme, je savais où aboutirait telle passion, telle émotion, tel sentiment que j'éprouvais, même en laissant
faire entièrement la nature : et néanmoins, comme je
trouvais la route pour ainsi dire ouverte, j'y courais
plus rapidement. Par exemple : dans l'amour, le désespoir me portait souvent au désir passionné du suicide :
il m'y aurait entraîné sans doute par sa propre force ; je
sentais que ce désir venait de mon cœur, était né en moi,

m'appartenait en propre, et n'était pas emprunté. Mais
pareillement, il me semblait, je sentais, que si ce désir
surgissait si vite en moi, c'est que la lecture récente de
Werther m'avait fait savoir qu'un amour de cette espèce
finissait par le suicide. En résumé, le désespoir m'y
portait : mais si je n'avais pas eu connaissance de ces
choses, ce désir ne me serait pas venu si vite à l'esprit,
puisque j'aurais dû comme l'inventer : tandis que même
en fuyant autant qu'il était possible toute imitation, je le
trouvais déjà tout inventé. »

(Zibaldone, I, 175.)

Tel semble donc être sur lui l'effet de Werther : une
rencontre ; un encouragement ; non pas une transformation de sa personnalité.

Ses relations intellectuelles avec la France sont autrement étendues ; la langue et la pensée de notre pays l'ont
occupé, et préoccupé, sa vie durant. Mais cela ne veut
pas dire qu'elles aient beaucoup agi.

Nous avons de lui plusieurs lettres en français, depuis
celle qu'il composait à douze ans pour dédier son *Pompée en Égypte* à son père, jusqu'à celle qu'il adressait en
1834 à sa sœur Paolina, pour lui parler des élégances
florentines. Elles montrent une connaissance de la langue qui, d'abord incertaine, devient très sûre. Leopardi
finit par écrire non seulement avec correction, mais avec
force ou avec charme, suivant le ton de la lettre. Les
incessantes recherches étymologiques auxquelles il se
livre lui fournissent un vocabulaire très précis ; ses lectures forment son style. S'agit-il de parler, il se trouve

d'abord embarrassé ; lors de son premier séjour à Rome, obligé de se mêler aux conversations mondaines, il s'étonne de ne pas distinguer au passage des mots qui lui sont familiers quand il les voit écrits. Puis il s'accoutume à cette gymnastique : on veut bien lui dire qu'il s'exprime avec une perfection rare pour un étranger. Nous savons aussi qu'il possède à merveille les termes philosophiques ; et que même il conseille à ses compatriotes de les emprunter aux Français, pourvu qu'ils ne les emploient pas d'une façon barbare, et qu'ils aient soin de ne pas déformer la physionomie de l'italien.

De ces mots-là, nous n'en trouvons pas cependant dans sa prose, même quand il expose ses doctrines : à plus forte raison n'en trouvons-nous pas dans ses vers ; s'il émaille son *Zibaldone* d'expressions françaises, il n'en laisse passer aucune dans ses œuvres achevées ; aucune tournure seulement douteuse, aucun emploi inusité, ne révèlent sa longue familiarité avec notre vocabulaire et notre style. Au contraire ; tandis que les écrits de son enfance et de son adolescence n'évitent pas les gallicismes, ceux de sa maturité sont les modèles d'un italien parfait.

Le plus curieux, c'est que loin de subir quelque influence que ce soit, les jugements qu'il porte sur notre langue sont empreints d'une vive hostilité : Alfieri est à peine plus violent. S'il la considère dans son origine, il déclare qu'elle s'est abâtardie, tandis que l'espagnol et surtout l'italien sont restés très près du latin ; dans son orthographe, il la trouve absurde ; dans sa prononciation, inexpressive ; dans ses caractères, elle est pauvre en images, abstraite à l'excès, décharnée : un squelette. Savoureuse encore au seizième siècle, elle a été desséchée par le travail de l'Académie, qui en a banni tout élément pittoresque. Elle est devenue la langue de la société, sans caractère, sans originalité, fade comme la conversation des salons, vide comme les mondains. Elle manque de stabilité, de précision, de souplesse ; elle est impropre aux traductions, impropre à la poésie, impropre à la grande éloquence, impropre au sublime. On lui objecte, pour la richesse, La Fontaine, et pour la majesté, Bossuet. Point du tout : la misère de notre langue les a réduits tous deux à être médiocres. « La langue française est proprement, sous tous les rapports, de toutes les façons, la langue de la médiocrité » (III, 476). Son universalité même vient de là.

Ainsi, plus il l'étudie, et plus il réagit contre elle. C'est que le patriotisme est en jeu ici : il faut qu'il la condamne. Il part de cette idée arrêtée, que l'invasion du français en Italie, telle qu'elle s'est produite aux siècles précédents, est funeste au génie national ; et même que la diffusion du français en Europe nuit aux droits antérieurs de l'italien, qui a occupé la première place à l'époque de la Renaissance, et qui n'aurait jamais dû la perdre. Chaque critique adressée à l'usurpatrice est une façon d'affirmer la supériorité de sa propre langue : il l'aurait établie triomphalement sous forme de traité, s'il avait eu le temps de composer ce parallèle entre les cinq grandes langues européennes qu'il a si longtemps médité. Le résultat le plus clair de sa connaissance du français est d'exciter en lui une jalousie patriotique qui le rend plus Italien.

Il ignore ces écrivains qui le démentent au moment même où il écrit, ceux qui mettent un bonnet rouge au vieux dictionnaire, et renouvellent tous nos modes d'expression. De la littérature française, il connaît peu le seizième siècle, bien qu'il le vante souvent pour faire ressortir la pauvreté des autres. S'il cite Amyot, Charron, ou Montaigne, il ne parle ni de Rabelais, ni, chose plus surprenante, de Ronsard. Il connaît le dix-septième siècle assez bien, c'est-à-dire moins bien que beaucoup de ses compatriotes, qui le possédaient à fond. Au contraire, il a vécu dans l'intimité des auteurs du XVIIIe siècle. Le catalogue de sa bibliothèque nous ferait comprendre, à lui seul, l'étendue de ses lectures ; il porte les noms de d'Argens, Condillac, Duclos, Mably, Montesquieu, Rousseau, Volney, Voltaire ; sans compter l'Encyclopédie. Mais le *Zibaldone* transforme ces présomptions en certitudes. Les intellectuels, les sentimentaux, les romanesques, les savants : il n'est pas un genre d'esprit qu'il n'ait pratiqué. Il a lu ceux que nous avons oubliés aujourd'hui, l'Origine des Découvertes de Dutens, l'Elève de la nature de Beaurien, le Eloges de Thomas ; il n'oublie ni La Harpe, ni Marmontel, ni Delille, ni Barthélémy ; il a pratiqué Frédéric II ; il s'est nourri des idéologues, Cabanis, Destutt de Tracy, J.-B. Say, Fauriel : ceci seul vaudrait une étude à part. Personne n'a plus passionnément étudié Madame de Staël, qui, d'après son propre témoignage, a éveillé en lui le goût de la philosophie. Déjà Chateaubriand lui est moins familier ; et la liste s'arrête là. A part Lamennais, qu'il cite à plusieurs reprises, et Paul-Louis Courier, il ne connaît du dix-

neuvième siècle aucun auteur qui compte ; son informa-
tion ne dépasse guère 1815. Il ne soupçonne pas nos
grands romantiques.

Quelques-uns, parmi tous, excitent spécialement son
intérêt, moins par leurs qualités intrinsèques que par
les affinités qu'ils présentent avec sa nature. Mais les
noms même de ceux qui paraissent avoir été ses modèles
d'un moment évoquent des philosophies si contradictoires que leur action n'a pu être profonde. L'emprunt est souvent minime et presque toujours passager. Bornons-nous,
dans une si vaste matière, à quelques exemples. La pensée de Pascal l'a frappé fortement : mais que reste-t-il,
à faire le compte, de la philosophie du divertissement
dans la théorie des illusions ? Peu de chose. Il a cru,
avec les sensualistes français, interprètes eux-mêmes de
la pensée anglaise, qu'il n'y avait pas d'idées innées ;
que tout était habitude et assimilation ; que vérité et
vertu étaient choses relatives : mais nous savons avec
quelle énergie il a repoussé la croyance au progrès, qui
était un de leurs dogmes. Avec Rousseau, il a refait le
rêve d'une nature primitive toute bonne, pour s'apercevoir bientôt que la nature était essentiellement mauvaise.
Montesquieu, dont le nom revient souvent sous sa plume,
lui a fourni des considérations esthétiques et des théories
politiques, qu'il s'est plu à critiquer et à contredire pour
la plupart. A Madame de Staël, il doit quelques révéla-
tions sentimentales, par Corinne ; quelques thèmes
poétiques ; quelques idées philosophiques ; et certainement des opinions nouvelles en matière de critique littéraire. Mais elle n'a jamais pu l'amener à un romantisme

avoué ; ni à la religion de la perfectibilité ; ni à des
productions de nature à rappeler, fut-ce de loin, Delphine,
Corinne, ou le livre de l'Allemagne. Ainsi de tous. Il a
beaucoup lu, beaucoup emmagasiné ; mais beaucoup
transformé aussi. Sur les matériaux empruntés à la
France, il a mis sa marque personnelle. On reconnaît
certains détails ; mais l'ensemble est bien de lui.

La conclusion à laquelle nous aboutissions par ailleurs,
quand il s'agissait de son art, s'impose donc également
à qui étudie les sources de sa pensée ; la connaissance qu'il avait de l'étranger n'entonne pas sa forte
originalité.

II

Dès lors, il est malaisé de le classer dans un groupe
défini.

Il offre des traits de ressemblance avec les René, les
Obermann, les Manfred, tous membres d'une même
famille ; rien d'étonnant, puisqu'il a partagé les sentiments de Werther, père de la lignée. Il n'est pas tout
à fait à l'abri de la contagion qui, partie de Wetzlar,
a déjà passé en Italie avec Foscolo. Il a été travaillé par
l'ennui ; et la définition qu'il donne de ce mal ressemble
à celle des héros romantiques : le dégoût des occupations des autres hommes ; la conviction que tout est
vain, fade, et vide ; la perte de la volonté, et même du
désir : maladie morale assez redoutable pour conduire à
la mort. L'ennui, a-t-il dit, est de la nature de l'air qui
remplit tous les intervalles des choses matérielles, et
tous les vides de ces choses. Un corps s'éloigne-t-il ? Si

un autre ne le remplace, l'air arrive aussitôt. De même
tous les intervalles de la vie humaine, entre les plaisirs
et les douleurs, sont occupés par l'ennui. Et comme les
plaisirs sont semblables à des toiles d'araignée, minces,
rares, et transparents, l'ennui les pénètre de toutes
parts, et les remplit, comme l'air entre dans ces toiles.
En somme, notre existence n'est qu'un tissu de douleur
et d'ennui.

Mais le caractère commun à la famille des grands
ennuyés, c'est qu'ils se lamentent sans cause réelle, et
qu'ils chérissent leur mal au lieu de vouloir le guérir,
ayant le remède à portée de la main : il leur suffirait
d'agir, et ils seraient sauvés. La douleur de Leopardi est
d'une autre nature. La fortune, qui a gâté les fils de Werther, lui a donné des sujets trop certains de se plaindre.
L'ennui qu'il a connu à Recanati n'était pas imaginaire :
s'il s'est tenu à l'écart des hommes, c'est qu'ils n'ont pas
voulu de lui ; les amours les plus innocentes et les plus
légitimes lui ont été refusées ; ses cris de détresse ont
souvent été ceux de son corps torturé. Loin de faire de
sa souffrance un sujet d'orgueil, de chercher, comme les
héros byroniens, un caractère de supériorité dans des
crimes surhumains, et une originalité dans le mépris des
lois sociales, il a abouti à un stoïcisme vertueux, tout
mêlé de pitié pour ses compagnons d'infortune. Son mal
ne ressemble donc pas, dans ses symptômes essentiels,
à celui qu'on appelle le mal du siècle ; il en connaît les
tourments : mais il en connaît aussi beaucoup d'autres,
plus complexes, plus graves, plus réels ; moins littéraires.

Ceux qui, prenant acte de son effort pour réduire en systèmes les résultats de son expérience, voient surtout en lui le penseur, et le rangent parmi les métaphysiciens dont la doctrine s'élabore à peu près en même temps que la sienne, ne semblent pas non plus avoir tout à fait raison. Non pas qu'il n'offre avec les pessimistes allemands de l'école de Schopenhauer des analogies pour ainsi dire naturelles. En parcourant les champs de la tristesse humaine, il faut bien qu'ils se rencontrent quelquefois. Leopardi ne cherche-t-il pas comme eux à faire d'une tristesse impulsive une tristesse raisonnée ? N'a-t-il pas, comme eux, le dessein d'éclairer les hommes en leur révélant des vérités peu consolantes, mais nécessaires ? N'affirme-t-il pas, comme eux, que la douleur se confond avec la vie, et qu'en conséquence les êtres supérieurs sont ceux qui souffrent le plus ? Ne prêche-t-il pas, comme eux, la vertu de compassion ?

Mais la différence est celle-ci : autant un Schopenhauer est à son aise pour échafauder de vastes constructions métaphysiques, autant un Leopardi s'attache à une philosophie pratique. Sa pensée, toujours inquiète et mobile, ne connaît pas la volupté d'imaginer de toutes pièces une explication de l'univers très cohérente, et qui présente seulement le défaut de ne pas correspondre au réel. Il tient, au contraire, à rester près des choses. Il n'a pas voulu comprendre le système de Kant : comment dès lors arriverait-il à concevoir le monde comme volonté et représentation ? Ces jeux de la pensée ne le satisfont pas, et l'intéressent à peine ; il souffre trop pour se consoler par des hypothèses cosmiques. Il voit que la nature a une fin différente de celle de l'homme : laquelle ? il ne songe pas à le dire ; il lui suffit de savoir que les deux ne concordent pas, et que de cette discordance naît le mal. Peu lui importe l'Être en soi ; ce qui l'intéresse, c'est la douleur. Il est psychologue beaucoup plutôt que métaphysicien.

Les pessimistes allemands forment à proprement parler une école. Ils procèdent de Kant ; ils aspirent à l'enseignement officiel ; ils forment des élèves. Schopenhauer a eu des disciples avoués, et des lecteurs sur lesquels il a profondément agi ; une postérité directe et des héritiers inconscients : il reste à étudier en détail l'influence de sa philosophie sur la littérature française, par exemple, mais on l'entrevoit dès maintenant considérable. De cette école, Leopardi ne fait pas partie ; il répugne par sa nature à faire partie de quelque école que ce soit. Il n'est pas arrivé au pessimisme pour les mêmes raisons, ne l'a pas conçu de la même manière, n'a pas exercé sur ses contemporains ou sur ses successeurs la même action. Parlons, si nous voulons, d'un très vague et très lointain parallélisme entre ses doctrines et les doctrines allemandes : ne parlons pas d'influence. Il aurait pu connaître l'œuvre de Schopenhauer, puisque la première édition du *Monde comme volonté et représentation* date de 1819 ; mais l'auteur n'arriva guère à la célébrité que vers 1840 ; l'attention de Leopardi ne fut donc pas attirée vers lui. Inversement, Schopenhauer n'a rendu hommage à Leopardi que dans la troisième édition de son livre : « Personne n'a creusé aussi profondément le sujet, et ne l'a épuisé aussi complètement, que de nos jours Leopardi.

Il en est tout rempli et tout pénétré : la dérision et la
misère de notre existence, voilà ce qu'il peint à chaque
page de ses œuvres, avec une telle diversité de formes
et de tours, une telle richesse d'images, que, loin de provoquer jamais l'ennui, il excite bien plutôt chaque fois
l'intérêt et l'émotion ».

Puisqu'il n'appartient à aucun groupe, son esprit n'en
est peut-être que plus libre ; et son âme n'en représente
peut-être que mieux toutes celles qui ont, comme la
sienne, cherché partout, toujours douté. Ressembler à
une catégorie d'intelligences, c'est différer de beaucoup
d'autres ; être le disciple d'une école, c'est exclure les
écoles contraires ; vouloir n'être que soi-même, ce n'est
pas seulement se montrer plus original, mais se sentir
plus riche et plus fort. Leopardi symboliserait — s'il
fallait lui donner une valeur représentative — le tourment
de toute une époque, qui, ayant perdu ses croyances
anciennes, et n'en ayant pas trouvé de nouvelles, éprouve
l'angoisse du néant ; et ses malheurs personnels rendant
son cas particulièrement douloureux, il a trouvé l'expression la plus tragique de cette angoisse. Il est certain que
ne comptant ni parmi les purs sentimentaux, ni parmi
les purs métaphysiciens ; plus riche de pensée que les
premiers, et plus douloureusement vrai que les seconds ;
trouvant dans sa propre âme ce que les uns et les autres
ont de plus profond, d'une part la désespérance, et de
l'autre la conviction que vie et douleur ne sont qu'un
même terme, il est peut-être moins logique que quelques-
uns, mais plus riche que personne d'humanité. A-t-on
jamais remarqué jusqu'à quel point il avait reflété les

douleurs de son temps ? Toutes les épreuves que le
siècle a traversées, il les a traversées ; tous ses échecs,
il les a subis. Il a cherché âprement le bonheur : l'a-t-
on jamais cherché plus âprement, en effet, et par des
moyens plus divers, qu'en cette époque confuse où
toutes les directions se heurtent, où le dix-neuvième
siècle se dégage avec peine du dix-huitième, où la vie
contemporaine s'organise au sortir de la Révolution ?
Chrétien par ses origines, il a demandé le bonheur à la
religion, au moment où Chateaubriand la restaurait par
l'art, et Manzoni par la morale. Puis il a reproché à ce
bonheur de l'au-delà d'être trop immatériel, et comme
arbitraire ; il a voulu un bonheur qui, loin de la sacrifier
en partie, satisfît à la fois toutes les aspirations de notre
nature, au moment où les idéologues essayaient de maintenir la tradition du naturalisme en l'épurant. Il s'est
complu longuement dans la vision d'un âge primitif très
voisin de la perfection, au moment où tant d'esprits,
encore enivrés de Rousseau, persistaient à se retourner
vers le passé, faute de trouver leur idéal dans le présent.
Il n'a pas été jusqu'à faire un dogme de la légitimité de la
passion, au moment où cette théorie nouvelle allait devenir
une mode et presque une manie : mais le fait est que dans
la passion, il a cherché le bonheur. Il a cherché le bonheur
dans le patriotisme, non seulement avec ses compatriotes
qui ressuscitaient l'Italie, mais au moment où, dans toute
l'Europe, l'idée de nation avait pris une force et une
valeur auparavant inconnues. Il a même fait l'essai du
positivisme naissant, pour trouver le bonheur dans l'action ; on a voulu voir en lui un des ancêtres du pragma-

tisme. Il a donc connu tous les espoirs, toutes les anxiétés, toutes les détresses, toutes les faillites ; et à l'autorité du malheur, son art a ajouté celle de la beauté.

Il est imprudent de comparer entre elles des individualités qui n'ont pas de commune mesure ; et il serait injuste de rabaisser à son profit le mérite des poètes qui ont donné à la tristesse l'admirable et sombre parure de leurs vers mélancoliques. Il ne s'agit pas ici de valeurs à établir, encore moins de rangs à donner. Mais un Leopardi est plus exclusivement préoccupé du problème de la souffrance, et plus acharné à le résoudre, que même un Vigny ou même un Lenau, à ne considérer que les plus grands. Point de trève pour lui ; sa vie sans évènements le livre tout entier au travail de sa pensée ; il n'est diverti ni par les obligations d'un métier, ni par la fièvre des voyages, ni par les apaisements momentanés que procure un amour satisfait. Le malheur est son compagnon assidu ; il le voit toujours à ses côtés, et traduit cette obsession en cris poignants. Qu'il fasse parler Brutus, Sapho, ou le Berger errant sur les plateaux de l'Asie, nous le retrouvons toujours pareil à lui-même. Sa pensée gagne en complexité ce qu'elle perd en logique apparente ; au contraire, son lyrisme gagne en puissance ce qu'il perd peut-être en variété. Quelle merveilleuse floraison autour de lui ! Ici Lamartine, Hugo, Musset, Vigny ; là, Byron, Shelley ; ailleurs, Platen, Lenau, Heine ; plus loin, Lermontov. Il n'est point d'année où ne paraissent des chefs-d'œuvre ; partout les génies surgissent. Leopardi, entre tous, se réserve d'être le poète de la douleur.

III

Sa gloire rayonne dans toute l'Europe [1]. Il a été traduit en espagnol, — les Dialogues philosophiques en 1883, et la plupart de ses œuvres, avec une étude sur sa vie, en 1911 ; — on l'a présenté au public hollandais (E. D. Pijzel, 1882), au public danois (E. Rasmussen, 1900) ; on a fait une conférence sur lui à Moscou (A. Luther, 1904) ; on a publié à Cracovie, en français, une étude sur sa poésie « considérée dans ses rapports avec les principaux courants littéraires en Europe » (M. Zdziechowski, 1892) ; à Helsingfors, en français, un livre sur ses tendances morales (H. Hahl, 1896) ; à Kiev, une des meilleures éditions que nous ayons de lui (D. I. Simonowsky, 1888). On raconte que dans les manoirs isolés de la steppe, on rencontre souvent ses poésies à côté de celles de Musset, de Heine, de Shelley ; et que dans le cimetière de Volkov, où repose Dostoïewski, on lit deux de ses vers en épigraphe sur une tombe.

Allemands, Anglais et Français ne l'ont pas accueilli de la même façon, chaque pays l'interprétant suivant ses goûts ou ses préjugés. Mais malgré la différence des psychologies nationales, sa fortune présente au moins quelques traits communs. Il a conquis la renommée peu à peu, par une marche lente et sûre, jusqu'à nos jours. Peu d'auteurs sont à l'abri des caprices de la mode, qui

[1] Il va sans dire que nous n'avons pas ici la prétention d'être complets ; nous nous contentons de marquer quelques points de repère. Voir Ciampoli, *Leopardi in Russo* (Studi letterari, 1891, et Rassegna Critica, 1895). Zumbini, *G. L. presso i Tedeschi* (Nuova Antologia, 1873) ; A. Schanzer, *L. in Inghilterra* (Rassegna Nazionale, 1901) ; Mestica, studi leopardiani, 1901.

les condamne à l'oubli pendant des années, pour avoir le plaisir de les faire revivre ensuite. Leopardi, qui n'a pas connu les brusques apothéoses, n'a pas connu non plus ces vicissitudes. Sa réputation est d'autant plus solide qu'elle s'est fondée moins hâtivement.

Il est glorieux sans être populaire. La foule n'aime pas ceux qui veulent lui persuader qu'elle est non seulement malheureuse, mais mauvaise; et en outre, elle veut un art qu'elle puisse goûter sans préparation. Une vie sans joie, une philosophie désolée, des vers qui ne donnent rien à la rhétorique ni à l'ornement, sobres, vigoureux, et comme sculptés : voilà plus qu'il n'en faut sans doute pour décourager le vulgaire. Mais par contre, l'élite le chérit. Leopardi, plus que des admirateurs, a des amis. Ceux même qui sont vivement choqués par ses théories ne se défendent pas d'être émus par son infortune, et conquis par la noblesse de son génie. Ils avouent qu'on n'a jamais donné forme plus admirable à des sentiments plus profonds ou à des convictions plus sincères ; ils aiment l'homme en réfutant le penseur. Ils ne le confondent pas avec ceux qui ont fait de leur philosophie un jeu ; et se rappelant le mot de Hartmann, qui disait qu'il fallait venir chez les pessimistes pour trouver encore des visages satisfaits, ils préfèrent la figure tragique de Leopardi.

Niebuhr fit connaître pour la première fois son nom en Allemagne dès 1824 : « Comes Jacobus Leopardius, Recanatensis Picens : quem Italiæ suæ jam nunc conspicuum ornamentum esse popularibus meis nuntio... » En révélant ainsi à ses compatriotes cette jeune gloire, qu'il annonçait de plus en plus brillante pour l'avenir, il parlait du philologue : ce furent aussi ses écrits philologiques que de Sinner publia, nous l'avons vu, dans le *Rheinisches Museum* de 1835. En 1874, Adolf Tobler donna dans le *Jahresbericht für romanische und englische Philologie* sa correspondance avec Bunsen ; ses œuvres inédites parurent à Halle en 1878.

Mais l'attention du public allemand fut attirée sur sa vie même, sur ses poésies et sur sa philosophie, plus tôt qu'en aucun autre pays d'Europe. En effet, l'année 1837 vit paraître un article biographique de Witte sur son compte, et une traduction des *Canti* par Kannegieser, d'après l'édition de Florence de 1831. La biographie était mauvaise, puisqu'elle ne distinguait pas bien Giacomo de Monaldo ; et la traduction, encore qu'elle dépassât quelques versions partielles antérieures, n'était pas bonne. Mais peu après, en 1840, H. W. Schùlz, celui qui avait connu le poète à Naples pendant ses dernières années, fit paraître une *Vie* qui inspira des articles désormais mieux informés ; et les traductions allèrent s'améliorant. Hamerling, dans la préface de ses « Poésies de Leopardi, mises en allemand dans le mètre de l'original », déclare qu'il offre au public la première traduction vraiment complète des poésies. L'entreprise tente encore, en 1869, Brandes (traduction allemande publiée à Hanovre) ; en 1878, Paul Heyse : ces noms illustres prouvent assez l'intérêt qu'excite le poète italien. Brandes comme Heyse racontent sa vie, et parlent de sa philosophie ; le second donne même en tête de ses deux volumes — car il a joint aux *Canti* des dialogues et des pensées — une nouvelle qui interprète poétiquement les amours de Leopardi avec Nerina. Brandes réédité en 1883 ; Hamerling en 1886 ; Heyse en 1889, n'ont pas découragé une dernière tentative, par H. Mück, en 1909. Dans les nombreuses études que l'Allemagne consacre à l'histoire politique et à l'évolution intellectuelle de l'Italie, Leopardi tient toujours une place d'honneur ; c'est un thème fréquemment repris dans les Revues, que la comparaison du pessimiste italien avec les pessimistes germaniques ; notamment avec Lenau ; ses œuvres ont été réimprimées plusieurs fois au cours du siècle, dans le texte. Accueil très déférent, en somme, malgré quelques protestations isolées ; critique qui s'est attachée à fournir aux lecteurs les moyens d'apprécier l'homme et l'œuvre, plutôt que de le juger.

Les Anglais, mis en présence de Leopardi, ont éprouvé des sentiments opposés ; autant ils ont admiré son art, autant ils ont redouté sa philosophie. Ses idées, destructrices de la religion et de la société, leur ont fait peur, parce qu'elles étaient de nature à ébranler les institutions de la vieille Angleterre ; et les lettrés ne les ont jamais révélées au public sans prendre toute sorte de précautions : comme on manierait des explosifs.

Il n'y a rien qui paraisse à son sujet avant 1848 : un article du *Frasers Magazine*, d'ailleurs assez bien documenté, explique que Leopardi a droit à quelque excuse, parce qu'il s'est adonné à la philosophie faute de pouvoir mieux faire : différent, dit l'écrivain, de ces métaphysiciens allemands qui ne sont jamais sortis de leur cabinet de travail, et qui ont respiré une atmosphère où se mélange la fumée des pipes et la poussière des livres : « Leopardi n'a jamais exagéré la part que l'étude doit prendre dans la vie humaine. La littérature n'était à ses yeux qu'un pis aller de l'action ». — Mais l'étude qui le révéla vraiment à l'Angleterre, et qui devint inséparable de son nom, date de 1850 : Gladstone en était l'auteur.

Le début marquait bien le sens général du développement : le génie a droit à notre compassion dans ses fautes ; il nous donne une émouvante et instructive leçon, lorsqu'il nous rend témoins de ses chutes, et qu'il essaye d'obtenir le bonheur par ses propres ressources, sans l'aide de la révélation divine. — Venait ensuite un récit pathétique de la vie du poète à Recanati ; et une brève étude de ses productions philologiques. « Mais nous ne pouvons nous attarder à elles, bien qu'elles constituent un des titres les plus durables, et aussi les plus innocents, de sa renommée ». En effet, après avoir parlé de son art, Gladstone arrivait « à la partie vraiment pénible de sa tâche : quelques indications sur la philosophie de Leopardi ». Il se hâtait de s'excuser, à peu près en ces termes : On pourrait penser que si c'est là le vrai caractère de son pessimisme, nous aurions mieux fait de ne pas l'exposer au lecteur. Mais d'abord, il n'y a pas de conception plus futile et plus erronée que de vouloir conserver la foi en cachant soigneusement l'incrédulité. En second lieu, le genre d'incroyance qui mérite d'être passé sous silence est celui qui nous attaque par le ridicule, ou veut provoquer nos passions. Ce n'est pas le cas pour Leopardi : sa philosophie présente le caractère d'une irrémédiable désolation ; avant même d'être réfutées par le raisonnement, ses idées portent avec elles leur **antidote** ; son incrédulité fait sa propre torture, et sacrifiant toutes les espérances consolatrices, anéantit du même coup la foi et la paix...

Tel était le ton, intermédiaire entre la dissertation académique et le prêche. Or, pendant trente ans, on ne fit guère que répéter cet article : non parce qu'il était de Gladstone ; mais parce que Gladstone avait rendu mieux que personne la psychologie de son peuple.

Il est extrêmement rare de rencontrer en Angleterre une étude qui cherche à exposer impartialement la philosophie de Leopardi ; presque toujours, on la juge et on la critique dogmatiquement. Libéraux et conservateurs, protestants et catholiques se trouvent d'accord pour entreprendre cette réfutation posthume. Arrêtons-nous à quelques formules : « Nous ne voudrions pas plus nourrir les âmes de nos concitoyens des exagérations désespérées de Leopardi, que nous ne voudrions nourrir leurs corps de haschich » (*The Spectator*, 17 feb. 1833, Suppl.). — « Il n'y a pas de race moins disposée que la nôtre à sympathiser avec la théorie de l'univers que Leopardi a proposée avant Schopenhauer » (*Nineteenth Century*, 1885, vol. 18, p. 978). Bref, on considère Leopardi comme un passager dangereux sur le vaisseau de l'Angleterre.

Ces sentiments devaient se modifier. Y a-t-il eu, comme le veulent certains observateurs contemporains, des modifications dans la mentalité générale de la race ? **La** tradition de la méfiance à l'égard des nouveautés péril-

leuses du continent est-elle devenue moins rigoureuse
et moins sévère ? Le pessimisme a-t-il progressé ; et
cessant de voir en lui une doctrine qui déprime les éner-
gies, reconnait-on « la vertu disciplinaire de la peine et
du mal » ? Ou, plus simplement, la faveur que l'Angleterre a toujours accordée aux choses et aux hommes d'Italie, renaissant après avoir subi quelque éclipse, donne-
t-elle enfin droit de cité au penseur en même temps qu'à
l'artiste ? Quoiqu'il en soit, pendant ces dernières années
les traductions tendent à remplacer les critiques [1]. En
1882, traduction des Essais et Dialogues, c'est-à-dire
des Operette morali, par Charles Edwardes ; en 1893,
traduction des poèmes, par Cliffe ; des Essais, Dialogues et Pensées, par Patrick Maxwell ; de douze Dialogues, par James Thomson ; en 1900, traduction des
poèmes par J.-M. Morrisson ; en 1903, édition augmen-
tée de la traduction de Cliffe ; en 1904, traduction des
poèmes par Th. Martin ; en 1905, réédition de la traduction de Maxwell : un tel catalogue est significatif. En 1909
enfin paraît le texte des Canti, avec une introduction et
des notes, par Francis Brooks ; la revanche de Leopardi
est complète.

C'est une étrange destinée que celle du poète James
Thomson (1834-1882), qui, à dix-neuf ans, voit sa vie
brisée par la mort de sa fiancée, console sa tristesse dans
l'alcoolisme, promène sa misère dans les bas-fonds de
Londres, et meurt à l'hôpital. Il laisse un poème qui
compte parmi les plus beaux que l'Angleterre ait pro-

[1] Signalons, pour l'Amérique, les traductions Howells et
Townsend (1887).

duits au dix-neuvième siècle, *La Cité de la nuit tragique* ;
et, entre autres œuvres, des *Essais et Fantaisies* qui portent la marque du génie. Or il a subi l'influence de Leopardi. A l'époque où ce dernier était encore presque
inconnu en Angleterre, Thomson le lisait, l'admirait,
sentait sa propre tristesse devenir pesssimisme sous cette
influence, et voulait le traduire. Il le traduisit donc ;
l'ami pieux qui prend soin de sa mémoire a recueilli
l'œuvre inachevée parmi ses papiers, et l'a publiée
(Essays, Dialogues and Thoughts, translated by J. Thomson, édited by B. Dobell, Londres, s. d.).

James Thomson cite souvent Leopardi parmi les
maîtres de sa pensée ; il rapporte à plusieurs reprises de
ses vers ; il lui a dédié *La Cité de la nuit tragique :*

TO THE MEMORY
OF
THE YOUNGER BROTHER OF DANTE,
GIACOMO LEOPARDI,
A SPIRIT AS LOFTY
A GENIUS AS INTENSE
WITH A YET MORE TRAGIC DOOM.

C'est justice. Il a une conception du monde assez ana-
logue à celle de son prédécesseur ; il se représente de la
même façon la nature : par la même exception illogique
et touchante, il se refuse à ranger l'amour parmi les puissances du mal ; il réunit de la même façon l'amour et la
mort. Quelques procédés d'art sont communs aux deux
écrivains : l'emploi du symbole ; l'ironie ; l'agrandisse-
ment des figures, qui deviennent des caricatures tragiques. Ainsi Leopardi a rencontré en Angleterre, au

bout de nombreuses années, une âme semblable à la
sienne, et l'a révélée à elle-même : preuve frappante de
la puissance de son œuvre et de sa vitalité.

IV

La France connut d'abord l'œuvre de Leopardi par
trois Dialogues traduits dans *le Siècle* de 1833 ; puis par
le Discours préliminaire à la Batrachomyomachie, ajouté
à la version française du poème homérique par Berger de
Xivry, en 1837 [1]. Nous devons attendre longtemps avant
de voir paraître les poésies dans notre langue ; la traduction de Valéry Varnier est de 1867 ; suivent, à vingt ans
d'intervalle, celle d'Eugène Carré (1887) et celle de
Lacaussade (1889). Ce dernier professait pour Leopardi un
véritable culte ; il l'a célébré dans une ode qui n'est malheureusement pas la meilleure de ses œuvres. — Plus
tardivement encore nous sont arrivés les écrits en
prose, dans la version Dapples (1880). La même année,
M. Aulard nous donnait les « Poésies et œuvres morales
de G. Leopardi, première traduction complète ». La *Correspondance*, malgré sa haute valeur psychologique, n'a
pas encore trouvé de traducteur ; et l'on désirerait au
moins des pages choisies du *Zibaldone* et des *Ecrits inédits* [2]. Pour le texte italien, nous sommes assez

---

[1] Un jeune érudit, M. Serban, prépare un livre sur Leopardi
en France.

[2] Notons ici que quelques italiens ont bien voulu traduire des
fragments de Leopardi dans notre langue : pour la poésie,
MM. San Giorgi (1898), Castaldo (1900) ; pour la prose,
Mlle Linda Caramelli (1900), M. Turiello (1905).

dépourvus : nous n'avons pas d'autre édition que celle des *Canti*, publiée en 1841 par Baudry, et celle de la Batrachomyomachie, publiée en 1842 par le même éditeur. Il faut seulement y ajouter quelques extraits, contenus dans diverses éditions classiques.

La personnalité du poète a donné lieu aux interprétations les plus bizarres. Voici un Leopardi qui « ne veut pas mourir encore », comme la Jeune captive : il est devenu, par surcroît, un faiseur de barricades :

> Lorsque tous ces flots soulevés
> Attaquèrent les barricades,
> Je pris dans mes bras les pavés,
> Et dis : « Battons-nous, camarades ! »
> Puis je criai sur nos vainqueurs :
> « Tirez ! Le peuple aura mémoire »
> — Mon Dieu ! le lit de mes douleurs
> Verra-t-il l'aube de ma gloire ?

Cet étrange Leopardi est de 1860. Veut-on savoir comment, en 1870 encore, un Valéry Varnier expliquait à ses compatriotes ce qu'était à son sens l'ironie léopardienne ? Elle vient, disait-il, de Voltaire : mais elle s'est faite pesante et insupportable en passant à l'étranger. « Je ne puis m'empêcher de voir dans sa misanthropie les ravages d'une ironie étrangère au génie de sa nation, que sa raison acceptait, et contre laquelle son cœur et son imagination se débattaient... C'est le danger de ces productions. Cette ironie tient trop au sol. C'est comme un vin qui ne s'exporte pas ; faites-lui passer les Alpes, il se gâte ou s'allume, et le bouchon saute ; c'est perdu... » Après avoir expliqué que le pessimisme de son poète venait en partie de l'état de l'Italie, dont il

fait d'ailleurs le tableau le plus extravagant ; et après
avoir peint Recanati sous les couleurs les plus fausse-
ment romantiques — « dure enfance passée dans un châ-
teau aérien » — il remarque que Leopardi s'est irrité
contre les poètes fâcheux, et que nous n'avons plus en
France la manie de lire nos œuvres à tout venant.
« Reconnaissez, messieurs les étrangers, que la politesse française a du bon quelquefois, et n'est point pure
grimace » — Nous citerions aisément d'autres exemples,
à une époque plus rapprochée de nous qu'on ne pourrait
croire, qui sont peut être moins sots, mais qui ne sont
guère moins ridicules. Une comédie récente, voulant
représenter la mort du poète, ne faisait-elle pas de Paolina Ranièri, la sœur de Leopardi ?

Par bonheur, nous avons autre chose que ces déformations. La tradition des études sérieuses fut inaugurée
chez nous dès 1838, par un article de la *France littéraire*, qui avait le mérite de mettre sous les yeux des lecteurs français des fragments de Leopardi, traduits de sa
prose et de ses vers. La tradition de la sympathie fut
inaugurée par Alfred de Musset, dans sa pièce de 1842,
Après une lecture. Il ne peut s'empêcher de parler des
« langueurs du parler d'Ausonie », montre une connaissance assez superficielle du poète italien, mais admire
son « sobre génie », son « chaste amour pour l'âpre
vérité », son mépris hautain de la mort. Paul de Musset
témoigne que son frère lisait souvent les *Canti*, voulait
faire connaître Leopardi à ses compatriotes, et avait
même réuni quelques documents dans ce dessein.

L'article de Sainte-Beuve, publié dans la *Revue des*

Deux Mondes de 1844, est à la France ce que l'article de Gladstone est à l'Angleterre : non pas tout à fait le premier, mais sans aucun doute le plus important. Peut-être l'auteur a-t-il fait à l'hellénisme et au byronisme une place trop considérable dans la physionomie morale de Leopardi. Mais grâce à ce don de divination qui lui permettait de prévoir, semble-t-il, ce que la critique devait péniblement établir après lui ; grâce à sa merveilleuse intelligence des âmes, il a porté sur le poète et sur son art des jugements qu'en beaucoup de points, le temps n'a pas infirmés. On n'a pas jugé son étude indigne d'être traduite en italien ; on l'a largement utilisée en Allemagne et en Angleterre. Entre les articles insignifiants répandus dans les dictionnaires biographiques ou même les études sur Leopardi qui, à partir de cette date, ne manquent plus en France, et cette analyse délicate, ces exemples ingénieusement traduits, ce portrait si vivant, la différence est énorme. Grâce à Sainte-Beuve, Leopardi avait désormais ses lettres de crédit.

A cette connaissance littéraire, Marc Monnier ajoute en 1860 la passion. Voulant montrer que l'Italie n'est pas la terre des morts, il cite parmi les Italiens les plus admirables, Leopardi, et chante un hymne à sa gloire. — Dès lors, il serait long de rapporter ici les témoignages d'une faveur qui va toujours croissant. Essayons plutôt de distinguer quelques tendances et de marquer quelques directions.

La tradition des voyages français en Italie, déjà si solidement établie au dix-huitième siècle, s'est encore affermie au dix-neuvième. Nous avons visité les petites villes après les grandes; Paul Bourget est allé méditer à Recanati.

Autre chose : l'étude de la langue et de la littérature italienne, grâce à l'effort de quelques-uns de nos professeurs, a conquis une faveur nouvelle. D'où une série de travaux universitaires : depuis le livre de M. Bouchée Leclercq et la thèse de M. Aulard, jusqu'aux articles de nos « italianisants », dans le *Bulletin italien*, par exemple. Telle Académie de province a voulu entendre l'éloge de Leopardi.

Enfants gâtés de l'Europe, nous avons refusé longtemps d'étudier l'étranger, sous prétexte qu'il venait à nous de lui-même. L'étranger vient toujours à nous : mais nous voulons aussi aller à lui. Quoi qu'on en dise, la curiosité du public français pour toutes les productions intellectuelles de l'Europe est singulièrement éveillée. Cette curiosité, nos grandes Revues l'entretiennent : la *Revue des Deux-Mondes*, continuant ainsi son rôle traditionnel ; le *Correspondant ;* le *Mercure de France.* Nos journaux même, soucieux de littérature et de littérature étrangère, les *Débats*, le *Temps,* le *Figaro,* parlent quelquefois de Leopardi.

Ceci surtout : au cours de ces dernières années, nous avons senti, plus vivement qu'on n'avait jamais fait, les affinités de la mentalité italienne avec la nôtre. Après avoir cru que toute philosophie et toute sagesse devaient venir de l'Allemagne, nous avons rendu justice aux fortes qualités de la pensée latine. Nous avons retrouvé nos liens de parenté ; et la joie de cette découverte a résisté à toutes les vicissitudes de la politique. Nos moralistes et nos critiques, donc (Barbey d'Aurevilly ; Caro ; Gebhart ; Rod ; Challemel-Lacour) avec curiosité, presque toujours avec sympathie et respect, se sont tournés vers Leopardi.

Pour toutes ces raisons, nous rendons aujourd'hui de dignes hommages à son noble et fier génie. Nous le plaçons — c'est le titre d'un des derniers livres parus à son sujet — au rang des « grands classiques ».

TABLE DES MATIÈRES

LE MANS. — IMPRIMERIE MONNOYER.